Hugo Hertzberg

Die Historien und die Chroniken des Isidorus von Sevilla

Eine Quellenuntersuchung - Erster Teil - Die Historien

Hugo Hertzberg

Die Historien und die Chroniken des Isidorus von Sevilla
Eine Quellenuntersuchung - Erster Teil - Die Historien

ISBN/EAN: 9783743631274

Hergestellt in Europa, USA, Kanada, Australien, Japan

Cover: Foto ©ninafisch / pixelio.de

Weitere Bücher finden Sie auf **www.hansebooks.com**

Die Historien und die Chroniken

des

ISIDORUS VON SEVILLA.

Eine Quellenuntersuchung.

Erster Theil: Die Historien.

Inaugural-Dissertation

zur

Erlangung der philosophischen Doctorwürde

an der

Georg-Augusts-Universität zu Göttingen

von

Hugo Hertzberg
aus Bremen.

GÖTTINGEN 1874.
Druck der Dieterich'schen Univ.-Buchdruckerei.
W. Fr. Kästner.

Meinem theuren Vater

W. A. B. Hertzberg

in Bremen

in dankbarer Liebe

gewidmet.

Einer der im Mittel-Alter vielgelesensten und weitverbreitetsten Autoren ist unstreitig Isidorus von Sevilla [1]), der diese Verbreitung vorzüglich seinen zwanzig Büchern Etymologiarum [2]) verdankt, in denen der Inbegriff alles Wissenswerthen niedergelegt ist, obgleich der Verfasser selbst in anerkennenswerthester Bescheidenheit das gewaltige Werk nur als ein opus de origine quarumdam rerum, ex veteris lectionis recordatione collectum bezeichnet [3]). Dass Isidor einer der gelehrtesten Männer seiner Zeit war, lehren uns nicht nur die zahlreichen Zeugnisse anderer Schriftsteller über ihn, sondern vor Allem seine eigenen literarischen Producte. Aufgewachsen in einer an wissenschaftlichen Erzeugnissen armen Zeit, unter einem Volke, das von jeher weit mehr auf kriegerische Thätigkeit als auf gelehrte Studien hingewiesen war, hat Is. sich doch durch gründliche Forschung, durch den rastlosesten Fleiss die vielseitigsten Kenntnisse und eine für jene Zeit in der That staunenswerthe Bildung zu erwerben gewusst. Ausserordentlich gross war seine Belesenheit in den classischen Autoren [4]). Dass er in den theologischen Fragen seiner Zeit, auf die ihn sein Beruf zunächst hinwies, sehr wohl bewandert war, bezeugen uns seine zahlreichen theologischen Abhandlungen. In den »Etymologien« wie in der Schrift »de natura rerum [5])« hat er uns ein beredtes Zeugniss für die Vertrautheit mit den Naturwissenschaften aller Zweige wie mit der Heilkunde nieder-

---

1) Ueber das Leben und die Schriften des Is. handelt am Ausführlichsten und Gründlichsten Faustinus Arevalus im 1ten und 2ten Bande seiner vortrefflichen Ausgabe der sämmtlichen Werke Is's Rom. 1797—1803, 7 Bde. — Vgl. über Is. auch Wattenbach, D. G. I p. 69 u. 70. Teuffel, Römische Literaturgeschichte, 1ste Aufl. Nr. 459; Lembke, Geschichte von Spanien I p. 240 und 241 f.
2) Sie sind zuletzt herausgegeben von Otto in Lindemanns corpus grammat. vet. Tom. III. Bei Arevalus, a. a. O. Tom. III u. IV.
3) In der Widmung der Schrift an Braulio (Arev. Tom III p. 1.)
4) Vgl. das von Caspar Barth zusammengestellte Verzeichniss der von Is. nur in den »Etymologien« und den »Libri differentiarum« citirten Schriftsteller bei Arevalus I p. 431 ff. — Auch Otto bei Lindemann III p. 641/42 giebt ein Verzeichniss für die »Etymologien«, doch haben sich in die Zahlenangaben leider viele Druckfehler eingeschlichen.
5) Bei Arevalus Tom. VII p. 1 ff.

gelegt. Dass er in gleicher Weise für die Entwickelung des römischen wie des gothischen Rechts — das Letztere damals wohl schon, nach König Recareds I Redaction im Westgothenreich gemeinsam für Romanen und Germanen in Geltung — ein reges Interesse hatte, beweisen uns sowohl seine verfassungsgeschichtlichen Nachrichten in der Historia Gothorum als auch seine im fünften Buche der Etymologien gegebene »Uebersicht von den Resultaten der römischen Gesetzgebung und Rechtswissenschaft« [1]). Gewiss müssen wir es um so mehr bedauern, dass ein derart auf der Höhe seiner Zeit stehender Autor wie Is. an wirklich geschichtlichen Aufzeichnungen uns ein verhältnissmässig nur so dürftiges Material hinterlassen hat. Unter der grossen Zahl seiner Werke befinden sich nur die folgenden historischen Schriften: 1. Liber de scriptoribus ecclesiasticis oder de viris illustribus [2]), eine Zusammenstellung des Wissenswürdigsten aus dem Leben berühmter kirchlicher Schriftsteller, unter denen auch Kaiser Justinian und Proba, die Gattin des Proconsuls Adelphius, einen Platz gefunden haben, wie sie vor Is. bereits Hieronymus [3]) und Gennadius [4]) unternommen hatten [5]).

2. Zwei Weltchroniken, eine ganz kurze und eine ausführlichere, von denen die erstere in den beiden Schlusscapiteln des fünften Buches der »Etymologien« enthalten, die Letztere separat herausgegeben ist. Während aber die Darstellung in den Chroniken wesentlich vom christlich-kirchlichen Interesse beherrscht wird, tritt in den

3. Drei Historien, der Gothen, der Vandalen und der Sueven die politische Geschichte in den Vordergrund.

Unsere Aufgabe soll es nun sein, das Verhältniss der verschiedenen Historientexte zu einander darzulegen, sowie die Quellen, auf denen sie beruhen, nachzuweisen [6]).

An dieser Stelle sei es mir gestattet den Herren, welche mir mündlich oder schriftlich ihre gütige Unterstützung haben angedeihen lassen, verbindlichst Dank zu sagen. Vor Allen aber fühle ich mich zu dem innigsten Danke meinem hochverehrten Lehrer, Herrn Professor G. Waitz verpflichtet,

---

1) Vgl. Dirksens hinterlassene Schriften ed. Sanio, Abhandlung 8. I. p. 185 ff. »Ueber die durch Is. v. S. benutzten Quellen des röm. Rechts.«
2) Bei Arevalus VII, p. 138 ff.
3) ed. Vallarsius, opera H. omnia Tom. II, p. 821 ff.
4) Gennadii Massiliensis liber de scriptoribus eccles., Abdruck aus der Edition des J. A. Fabricius, bei Migne, Patrologia Latina, Tom. 58. p. 1053/54 ff.
5) Vgl. Isidor Etymol. VI, 6 (Arev. III p. 252): »Hieronymus quoque atque Gennadius ecclesiasticos scriptores toto orbe quaerentes, ordine persecuti sunt eorumque studia in uno voluminis indiculo comprehenderunt.«
6) Manche schätzbare Mittheilungen über die Quellen bringen schon die vorschiedenen Editionen, besonders Röslers Ausgabe (s. unten p. 16. 17.)

unter dessen Leitung und steter fördernder Theilnahme die vorliegende Arbeit entstanden ist.

Wie der Verfasser selber die Schrift benannt hat, ist, da wir das Autograph desselben nicht besitzen, anderseits aber die Titel in den Manuscripten sehr schwanken, heutzutage wohl nicht mehr mit Sicherheit festzustellen, aber sowohl der bestüberlieferte als auch der dem Inhalt am Meisten entsprechende Titel ist: »Historia Gothorum, Vandalorum et Suevorum [1]«. Wir finden ihn in der Madrider Hs. X. 28, in den Middlehiller Mss. Nr. 794 und 740 (H. Wand.), in der Hs. der Bibl. de l'Arsenal Paris. Nr. 7, im Cod. Vallicellianus R. 33 und vor Allem in dem Pariser Manuscript 4873, über das wir sogleich ausführlichere Nachricht geben werden. Der Bischof Braulio von Zaragoza, der auch als Literat bekannte Zeitgenosse und Freund des Is.[2], überliefert uns in der »Praenotatio librorum D. Isidori [3],« dass Is. unter Anderem verfasst habe »de origine Gothorum et regno Suevorum et etiam Vandalorum historia librum unum.« Doch ist es sehr unwahrscheinlich, dass der Verfasser bei dem völlig gleichartigen Stoff für die einzelnen Abtheilungen drei verschiedene Bezeichnungen gewählt haben sollte, vielmehr werden dieselben von Braulio herrühren, dessen Aufzählung dadurch an Mannigfaltigkeit gewinnen musste. Auf die Ueberschrift: »istoria regni uandalorum«, »regnum Suevorum« »regnum Gotorum«, welche die Mss. Madrit. X 161 und Vallicell. R. 33 geben sowie den Titel der Kopenhagener Abschrift Nr. 1327 »De origine Gothorum et gestis« ist wohl wenig Gewicht zu legen. Entschieden zurückzuweisen aber sind die später erfundenen Bezeichnungen: Chronicon, Chronica, welche Veranlassung zu den verschiedenartigsten Verwechselungen mit den Weltchroniken Is's geworden sind, von denen sich selbst neuere Autoren nicht frei gehalten haben [4].

---

1) Man citirt die Schrift häufig kurzweg »Historia Gothorum.«
2) Vgl. über ihn Lembke, Geschichte von Spanien, I. p. 242. Teuffel, Röm. Literaturgeschichte No. 459. Anm. 2.
3) Abgedruckt bei Arevalus I. p. 8 u. 9.
4) Fabricius-Mansi, bibliotheca Latina med. et inf. aetatis 1754 Tom. IV. p. 186 erwähnt unter den Ausgaben der Historiae auch »cum scholiis Garciae de Loaisa, Taurini 1693, 4.«, während dies Buch, übrigens Turin 1593 erschienen, das grössere Weltchronicon Is's enthält. Dieselbe irrige Angabe finden wir bei Meuselius, bibl. Historica Vol. V P. II p. 49. — In diesem Sinne sind auch Rösler, praef. ad ed. Historiae Gothorum etc. und Bähr, Gesch. der röm. Lit. Suppl. Band Abtheilung I, p. 112 zu corrigiren. — Von Potthast, bibliotheca historica medii aevi, Berlin 1862 p. 104. s. v. »Isidorus Hispalensis« wird das grössere isidorische Weltchronicon mit den Historiae identificirt, während der kleineren Chronik keine Erwähnung geschieht. Man kann die An-

Als Verfasser der Historien wird Isidor von Sevilla genannt und als solcher bezeugt einmal von fast sämmtlichen uns bekannten Handschriften, sodann von Braulio in der schon erwähnten Praenotatio 1. J. Andere zahlreiche Zeugnisse späteren Datums und daher minder werthvoll führt Arevalus auf[1]). Auf die aller Kritik bare Argumentation des Joseph Pellizerius, der allein die Autorschaft Is's anzuzweifeln versucht hat, brauche ich um so weniger einzugehen, als sie von Nicolaus Antonius[2]) und Arevalus[3]) bereits mehr als zur Genüge erschöpfend zurückgewiesen worden ist.

Die Handschriften und Ausgaben.

Spärlich und wenig bekannt sind die uns erhaltenen Handschriften. Keine deutsche Bibliothek ist im Besitze eines Ms's. der Historien[4]). Ueber den Handschriften-Mangel beklagt sich bereits Arevalus, dem selber nur ein im Cod. Vatican.-Palatinus Nr. 927 erhaltenes dürftiges Fragment zur Verfügung stand[5]). Die vorhandenen Handschriften aber differiren in stärkerem oder geringerem Masse unter einander, so dass man bei Benutzung der Historien lange Zeit hindurch die Manuscripte nur nach dem relativ grösseren oder geringeren Umfange des Textes geschieden und dann die verhältnissmässig ausführlichste Hs. als die am Wenigsten lückenhafte und demgemäss dem ursprünglich isidorischen Text sich am Meisten nähernde vorgezogen hat. Es ist Röslers[6]) und Arevalus'[7]) Verdienst zuerst — und zwar unabhängig von einander — entschieden darauf hingewiesen zu haben, dass unter den sämmtlichen ihnen bekannten Editionen

---

gaben Potthasts nach meiner Aufführung der Editionen der Historiae (p. 12 f. u. 16 f.) leicht berichtigen.
1) Isidoriana I, p. 692; p. 694.
2) N. A. Bibliotheca Hispana vetus I p. 340 ff.
3) Isidoriana I p. 692 ff.
4) Der im Archiv für ältere d. Geschichtskunde VIII p. 716 angeführte Dresdener Cod. A. 79 (cod. membr. sec. 14) enthält nur Is's tractatus de summo bono, ejusd. super veteris testamenti historiae und einige andere Tractate desselben; aber nicht die Hist. G. (Mittheilung des Herrn Oberbibliothekars Foerstemann).
5) Arevalus I p. 694. »Neque nobis quidem aut cl. Zaccariae (welcher ebenfalls die Ausgabe der Historiae beabsichtigte) ulla mss. exemplaria historiae Gothorum videre licuit, nisi quod in codice Vatic.-Palatino 927 p. 122 terg. fragmentum ego reperi historiae Gothorum, tacito Isidori auctoris nomine.« Eben dies Fragment wird auch von Bethmann, Archiv XII p. 346 erwähnt.
6) praef. ad ed. p. 6 ff.
7) I, p. 695 ff.

sich zwei Gruppen schärfer abhöben, von denen die eine einen ausführlicheren, die andere einen kürzer gefassten Text bringe. Doch über die Ausbreitung der beiden Classen in den Manuscripten konnten die beiden Gelehrten, da sie diese nicht kannten, sich keine Rechenschaft geben. Rösler aber sowohl wie Arevalus nahmen an, dass der kürzere Text nur ein Excerpt aus dem grösseren sei. Späterhin ist auch diese Unterscheidung allmählig in Vergessenheit gerathen, man hat auf sie nicht mehr geachtet sondern ist fast allgemein unter der Auswahl der Historien-Ausgaben der scheinbar am Wenigsten lückenhaften Edition des Arevalus gefolgt. Auch bei der Aufführung der Handschriften im Archiv f. ae. d. G. ist auf die Trennung der Manuscripte nach den Textclassen leider keine Rücksicht genommen. So haben wir denn versucht uns eine möglichst vollständige Uebersicht der Handschriften unter Gruppirung nach den beiden Familien zu verschaffen und geben sie im Folgenden, indem wir der Kürze halber den längeren Text mit dem Buchstaben B, den kürzeren mit A bezeichnen.

Darnach ist B enthalten in:

1. Cod. Madrit.[1]) X. 161. membr. Gr. 4^0 fol. 145 ff. Istoria regni uandalorum. Regnum Svevorum. regnum (seu Historia) Gotorum. Das Ms. schliesst mit der Regierung König Svinthilas und den Worten »Computatis igitur Gotorum regum etc.« Die Schrift ist aus dem XIII. Jahrhundert[2]).

2. Cod. Madrit. F. 36. fol. 43 ff. Auf Papier geschrieben. Das Ms. enthält den Anfang der Hist. Gothorum, dann »Recapitulatio ejusd. Isidori de origine Gothorum«, schliesslich die Historien der Vandalen und Sueven. Die Schrift ist aus dem XVI. Jahrhundert. Das Ms. ist wahrscheinlich identisch mit der im »Archiv (VIII, 782) angeführten Hs.: F. 38. Neuere Abschriften sec. XVII oder XVIII fol. 43.: Isidori hist. Gothorum, Suev. Wandalorum.«

3. Cod. Madrit. F. 58., auf Papier. Fol. 118.: »Incipit Chronica Wandalorum Regum«. Fol. 123. »Incipit Chronica Regum Gothorum a Beato Isidoro Hispalensis Eccl. Episcopo etc«. Die Hist. Gothorum ist später bis auf König Wamba fortgeführt, doch wird in einer Marginalnote zu dem Ms.

---

1) Die folgenden Notizen über die Madrider Handschriften entstammen den schätzenswerthen und ausführlichen Mittheilungen des Herrn J. E. Hartzenbusch, zeitigen Directors der N. Bibliothek zu Madrid, der mir zugleich mit seltener Liberalität mannigfache Auszüge aus den Mss. hat zukommen lassen wofür ich nicht unterlassen kann ihm öffentlich meinen wärmsten Dank auszusprechen.

2) Unter derselben Bezeichnung: X. 161 wird im Archiv (VIII p. 806) von Knust aufgeführt: Pauli Orosii Historia; dann »Isidori Chronicon« dann »Cronica Guisigotorum a tempore Bambani regis« u. s. w. Mit dem »Isidori Chronicon« sind die »Historien« gemeint.

ganz ohne Grund bemerkt, dass die Chronik die des Is. Pacensis sei. Die Schrift ist aus dem XVI. Jahrhundert. Der Cod. ist im Archiv (VII. p. 785) angegeben unter (Fortsetzung von) Neuere Abschriften, sec. XVII oder XVIII in Madrid.
4. Cod. Madrit. F. 93 [1]). Folio und auf Papier. Der Rückentitel des Cod. enthält allein die Worte »Chronicon dextri«, aber Fragmente der angeblichen »Hist. dextri« bilden nur den Anfang der Hs. Fol. 75 beginnt: »Chronica Regum Gothorum a Beato Isidoro Hispalensis Eccl. Episcopo Scripta«. Schrift aus dem XVI. Jahrhundert.
5. Cod. Madrit. F. 10 [2]). Folio und auf Papier, in Cursivschrift des sec. XVI. Der Rückentitel enthält die Worte »Nobil Gene (Noviliario General).« Fol. 24 beginnt: Cronica regum Vandalorum, dann folgen C. Suevorum und C. Gothorum. Auch in diesem Ms. ist die Gothengeschichte bis zur Regierung Bambas fortgeführt. Die Hs. enthält ausserdem Julians Chron. Vambae. Die chronologische Berechnung scheint zum Theil nach Jahren der Welt ausgeführt zu sein, die als »Aeren« bezeichnet werden.
6. Paris, Bibl. de l'Arsenal ms. hist. lat. 7. (Archiv VIII, p. 356), eine schöne Hs. des XIV. Jahrhunderts, 188 Fol. in zwei Colonnen mit gemalten und rubricirten Initialen. Sie ist früher im College Royal de Champagne-Navarre aufbewahrt gewesen. fol. 45 beginnt »la Gothorum historia«, es folgt »Historia Wandalorum«, dann »Hist. Sueuorum« Daran schliesst sich unmittelbar ohne Anzeichen, dass ein neuer Autor beginnt, die Chronik des Isidorus Pacensis: »Era DCXLIX Eraclius imperio coronatus regnat etc.[3]). Era in Roth. Der Abschreiber muss den Text einem Ms. des Is. Pacensis entnommen haben, denn der fol. I gegebene Index giebt nur an: »Isidorus minor ibi historia Gothorum, Wandalorum, Sueuorum, romanorum cum repertorio«, der Text ist sehr fehlerhaft [4]).
7. Codex Claromontanus s. IX (Middlehill Nr. 794) [5]), so benannt nach dem Jesuitencolleg Clermont bei Paris. Auf ihm beruht die Ausgabe von Labbe [6]), sowie der in der Hugo Grotiusschen nach seinem Tode edirten »Historia Go-

---

1) Vgl. Archiv VIII. p. 787.
2) Vgl. Archiv VIII. p. 799.
3) Vgl. Isidori Pacensis Chronicon bei Florez, España sagrada. Tom. VIII. p. 174 ff.
4) Die Angaben sind den gütigen Mittheilungen der Herren Monod und E. Thierry an mich entlehnt.
5) Vgl. Archiv VII, p. 98 u. IX, p. 500.
6) Labbe, bibl. nova mss. Paris 1657. Tom. I. p. 61. »Sancti Isidori Hisp. espiscopi Historiae Gothorum, Vandalorum et Suevorum etc. Ex codice ms. Collegii Clarom. Paris. Soc. Jesu.«

thorum, Wandalorum et Langobardorum« gegebene Text der »Historien¹).« Während aber der mit grosser Genauigkeit besorgten Edition von Labbe die Hs. selber zu Grunde gelegt ist, haben sich die Herausgeber der Grotiusschen »Historia Gothorum« mit einer Abschrift des Ms's von Jacob Sirmond begnügen müssen. Der Text bei Labbe ist daher entschieden vorzuziehen. Der Cod. Claromont. stimmt nicht überall völlig mit den vorher genannten Hss., namentlich zeigen sich einzelne Lücken, die aber für das Ganze von keinem grossen Belang sind.

8. Cod. Vallicellian. R. 33. (v. Bethmann, Archiv Tom. XII p. 426 citirt). Schrift des XV. s. auf grobem Papier. »Historia regni Vandalorum« »regnum Suevorum« »regnum Gothorum.« Dann folgt fol. 166. »Incipiunt cronice Uuisigothorum a tempore bambani regis²).«

9. Eine ganz werthlose Abschrift, jetzt in Kopenhagen, Kgl. Bibl. Nr. 1327 aufbewahrt, etwa aus dem Anfang des XVIII. Jahrhunderts, die noch dazu nur das erste Viertel der »Hist. Gothorum« enthält, bis zu dem Passus »Mors Alarici confestim secuta XXVIII regni anno defunctus est in Italia« mit der Ueberschrift »De origine Gothorum et gestis«; die beiden andern Historien fehlen ganz³).

Hiezu tritt dann noch das von Arevalus benutzte Fragment.

A.

Der kürzere Text wird nur durch zwei Handschriften repraesentirt.

1⁴). ist erhalten in Paris, Bibl. N. ms. lat. 4873. fol. 81. V⁰—86⁵) Schrift des XII. Jahrhunderts. — Der Cod. rührt leider von einem nachlässigen Schreiber her. Die Eigennamen sind fast sämmtlich stark entstellt. Zur Regierung des Gisalaich ist nach occiditur der ganze Passus »Era DXLVII anno XX̊ V̊II anastasii imperatoris« etc. bis »cupiditate arri-

---

1) Vgl. den Prolog zur Ausgabe. Der Titel der Historien lautet hier: »Beati Isidori, Archiep. Hispalensis Gothorum Vandalorum et Suevorum in Hispania Chronicon, quod nunc demum plus altera parte auctius prodit e bibliotheca Isaaci Vossii.«
2) Nach g. Mittheilung des Herrn Prof. Henzen in Rom.
3) Vgl. Archiv Tom. VII. 164. — Das Ms. hat mir selber vorgelegen.
4) Nach g. Mittheilung der Herrn Vicomte H. Delaborde und G. Monod. Herr M. hat die grosse Freundlichkeit gehabt für mich das ganze Ms. auf das Exacteste mit der editio princeps des kürzeren Textes und der Historia überhaupt (ed. Pithoeus als Einleitung in die »Leges Visigothorum«, Paris a. 1579) zu collationiren. Darnach gebe ich die wenigen und überall unwesentlichen Abweichungen der Hs. von dem Pithouschen Texte im Anhang I.
5) Vgl. Catalog. Codicum Mss. Bibl. Reg. Paris. Pars III Tom. IV p. 11, u. Archiv VII p. 50.

puit« falsch eingeschoben. Durch einen doppelten senkrechten Strich am Rande zeigt der Schreiber an, dass der Passus hier unterdrückt werden muss. Mehrmals finden wir von derselben Hand unter der Linie Worte hinzugefügt. Eine furchtbare Verwirrung herrscht auch in den Zahlenangaben. Es kann nach den im Anhang I mitgetheilten Resultaten der Collation des handschriftlichen mit dem Pithouschen Texte wohl keinem Zweifel mehr unterliegen, dass wir in dem letzteren einen Abdruck des ersteren vor uns haben, wenn auch Pithou selber über seine handschriftliche Vorlage Nichts verlauten lässt. Ohne Ausnahme kann man die Varianten aus Correcturen des Ms's erklären. Die einzige grössere Abweichung findet sich p. 7. l. 17, wo Pithou statt des völlig sinnlosen »Venericus (Hunericus) habens in coniugio Valentis et Valentiani filiam« mit vollem Recht »h. i. c. Imperatoris Valentiniani filiam« corrigirt, da auch die Quelle, Victor v. Tunnuna [1]) berichtet »Huic Ugnerico Pater Gensericus Valentiniani filiam in coniugium tradidit.« — Fast überall finden wir in der Hs. wie bei Pithou dieselben Verdrehungen der Eigennamen; mit zwei Ausnahmen bringt P. die nämlichen grossentheils irrigen Zahlenangaben wie das Ms. Wo wir in der Hs. auf Lücken treffen, (namentlich häufig fehlen die Zahlen bei den Angaben der Kaiserjahre, nach »anno«) sind sie in der Editio pr. durch Sternchen angezeigt, die Hs. sowohl wie P. haben stets die Schreibung Era, nicht Aera u. s. w. Kaum bedarf es nach diesen Ausführungen wohl noch der Erinnerung, dass uns ausser dem Pariser Ms. nur noch ein einziges des kürzeren Textes bekannt ist oder der Erwähnung, dass die Hs. an dem Druckort der Ausgabe aufbewahrt ist um der Behauptung der Identität der beiden Texte weitere Stützen zu leihen. Ebenso gewiss aber ergiebt eine sorgfältige Vergleichung des Textes der editio princeps mit den Texten der übrigen Ausgaben As, dass die letzteren sämmtlich die erste Edition abgedruckt haben. Man hat auf diese in der That auffällige Uebereinstimmung der Ausgaben des kürzeren Textes, den man gewöhnlich als nicht isidorisch verwarf, bisher viel zu wenig geachtet. Sie erklärt sich leicht und natürlich aus dem gemeinsamen Ursprung. Die folgenden beiden Drucke geben denn auch Pithou ausdrücklich als ihre Quelle an: 2. die Hispania illustrata [2]), Tom. III (ex bibliotheca Joannis Pistorii, Frankf. 1606. p. 847 ff, zugleich mit den Leges Visigothorum). 3. Bonaventura Vulcanius [3]) (Gothicarum et Langobardicarum rerum scriptores

---

1) Roncalli, vet. lat. script. chronica II. p. 343.
2) Vgl. den Titel der Edition.
3) p. 254 theilt der Herausgeber mit, dass seine Edition nur ein Abdruck des Pithoeus sei.

aliquot veteres, Lugd. Batavorum 1617 p. 201 ff.) Die Ausgaben sodann 4. von Lindenbroch (Hamb. 1611 in den diversarum gentium historiae antiquae scriptores tres p. 163 ff.) 5. Aguirne, collectio maxima conciliorum omnium Hispaniae, editio altera[1]), Rom 1753. Tom. III. p. 72 ff. und 6. Margarinus de la Bigne, in S. Isidori opera omnia, quae extant, Parisiis sub scuto Basiliensi MDLXXX fol. 1587 ff.[2]) machen über ihre Vorlage nicht besonders Mittheilung, aber ihre Abweichungen von Pithou sind so durchaus geringfügig, dass ihnen nur die ed. princeps als Quelle gedient haben kann. Dasselbe ist zu sagen von der Ausgabe 7. Goldasts, der in den Scriptores rerum Suevicarum, Frankf. 1605 p. 3 u. 4 und Ulm 1727 nur die Hist. Suevorum abdruckt[3]). Es bleibt somit nur noch 8. die Edition J. du Breuls übrig in Is. opera omnia, Paris 1601 p. 398 ff, wieder aufgelegt zu Cöln 1617[4]). Hier allerdings zeigt der Text, aber nur gegen den Schluss der Gothengeschichte, einige Varianten, die wir in den übrigen Editionen nicht antreffen, doch sind auch diese Abweichungen für das Thatsächliche unwesentlich: ich nenne zur Regierung des Leovigild »et magna ex parte potitus Hispaniam ampliavit« statt »Hispania pene tota potitus«; »quem fecit et projecit« für »factum et projectum«; »quoscumque potentes ac nobiles vidit« für »quosque potentes ut vidit«. Zur Regierung Recareds »in Galliam Gothicam« st. »Gallias«; »copiis« wird von d. B. fortgelassen; »triumpho repulit« für »triumphavit eventu«; »ad regni sui confinia« für »usque regni sui confinibus«; »certaminis« für »utilitatis«. Zur Regierung des Sisibut finden wir nach »adnuntietur« eingeschaltet: »in hoc gaudeo et gaudebo«. In den vorhergehenden und nachfolgenden Abschnitten der Historia stimmt dann aber der d. B.sche Text mit dem Pithouschen wieder so genau überein, dass wir auf die wenigen Abweichungen kein grosses Gewicht legen können. Ein Theil der Varianten ist aus einem Druck B.s ganz oder theilweis herübergenommen, die übrigen sind wahrscheinlich aus späteren Autoren, welche die Historia ihren Werken einverleibt haben, entlehnt. Dass d. B. andere Texte gekannt hat, deuten die einzelnen Marginalnoten an, in denen andere Lesarten mit »alii« angegeben

---

1) Die ed. prima ist mir nicht zur Hand.
2) Die Ausgabe ist sehr selten und stand mir nicht zur Verfügung. Doch hat Herr Monod auch ihren Text mit dem Pithouschen für mich gütigst collationirt.
3) Nicht die ganze Hist. Gothorum, wie Arev. I p. 697 irrig angiebt!
4) Potthast l. l. s. v. Isidorus verwechselt die du Breulsche mit der Bigneschen Ausgabe. Die Letztere ist 1580 erschienen.

werden ¹). Manches wird der Herausgeber ohne Zweifel auch selber corrigirt haben.

2. Madrid X. 28 membr. fol. saec. 14 od. 15²). — Fol. 119 col. 2 lin. 17 beginnt ohne Titel und ohne Angabe des Verfassers. »Gothorum antiquissimum esse regnum etc«. Vorangehen »Orosius'« 7 Bücher »adversus Paganos«. — Diese Hs. des Is. hinter dem Texte des Orosius scheint wegen des fehlenden Titels so gut wie ganz unbekannt gewesen zu sein; noch heute ist sie im Madr. Hss.-Verzeichniss nicht als Isidor-Ms. aufgeführt, und eine spanische Ausgabe des Textes A der Historien existirt nicht. Die Hs. ist aufs Engste mit dem Par. Ms. 4873 verwandt, höchst wahrscheinlich sogar nur eine Abschrift des Pariser, da sich auch in ihr der p. 11 bereits von uns erwähnte Passus »Era DXLVII« bis »cupiditate arripuit« an falscher Stelle, nach occiditur zur Herrschaft des Gisalaich, wiederfindet.

Im Archiv werden ausserdem die beiden folgenden Hss. aufgeführt: Tom. VII p. 778. »Hss. der kgl. Bibliothek zu Madrid Dd. 104. Excerpte und Nachrichten über Hss. in Toledo, besonders über Perez' Sammlung von Copien in drei Bänden, die in der Bibliothek zu Toledo Caxon. 31 num. 18—21 ist. Im dritten Bande Isidori chron.; seine Geschichte der Gothen« ³).

Tom. VII p. 98. »Middlehill« Nr. 740. Isidori hist. Wandalorum, manu recent.«, eine neuere Abschrift der Vandalengeschichte allein und daher von geringer Bedeutung³). Die Zugehörigkeit dieser Mss. zu der einen oder andern Textclasse zu erweisen sind wir nicht im Stande.

Irriger Weise aber wird im Archiv II p. 474 angeführt: »Auszug aus den Hss.-Verzeichnissen der k. k. Hofbibl. zu Wien H. p. (Historia prof.) 147 (165) Isidori Hispalensis

---

1) Dass d. B. bei dem Druck der Historien ein Ms. vor sich gehabt haben sollte, entbehrt aus angeführten Gründen aller Wahrscheinlichkeit. Selbst dass er direct aus dem Cod. Par. 4873 abgedruckt haben möchte, können wir nicht zugeben. Die Notiz in seiner Dedicationsepistel an Marianus über das von ihm verwerthete Quellenmaterial spricht keineswegs gegen unsere Ansicht, da sie sich auf die edirten Werke Is's überhaupt bezieht.

2) Herr Octavio de Toledo hat freundlichst für mich die Collation des Ms's mit dem in der Hisp. Ill. publicirten Pithouschen Texte übernommen. Auch Knust (Archiv Bd. VIII, Madrid) hat bereits die Anfangs- und Schlussworte der Historien angeführt. Ganz sinnlos ist die von ihm aus der Hs. citirte Aerenangabe im Beginn der Hist. Vand.: »Era 600«.

3) Die Collection des Perez befindet sich gegenwärtig als Eigenthum der Raths-Bibliothek von Toledo in dem Archiv des Klosters S. Ana zu Toledo. — Unsere Bemühungen über die citirten Hss. in Madrid und Middlehill schriftlich etwas Näheres zu erfahren, sind ohne Erfolg geblieben.

Chron. Gothorum. Das betreffende Ms. befindet sich in der Wiener Hofbibliothek unter No. 580 (Hist. eccl. 147) 165ᵇ—168ᵇ und enthält das Chronicon de sex aetat. mundi. Eine zweite in derselben Bibliothek bewahrte Hs. dieses Welt-Chronikons ist Nr. 427 (Hist. prof. 338) 72ª—73ᵇ. Eine Hs. der Hist. Gothorum aber ist dort nicht vorhanden[1]). Zu warnen ist schliesslich vor den Codd. Paris Nr. 6113. 2., Madrid P. 138 und Leiden Perizon. 9.
Die erstere Hs. (Archiv Tom. VII p. 66 als Paris Nr. 6113. 2 Isidori chron. Gothorum (Thuan. Colb.) s. XII—XIV erwähnt) enthält nicht die Hist. Gothorum, auch nicht das grössere Weltchronikon Is's sondern eine Chronik (fol. 27—49) Schrift des XII. Jahrhunderts, die nur wenig Beziehung zu der Hist. Gothorum hat und über den Untergang des Westgothenreichs in Spanien hinaus bis zum Jahre 719 reicht. Es ist mir bis jetzt leider nicht möglich gewesen, einen der späteren spanischen Geschichtschreiber als den Verfasser des Chronikons festzustellen. Möglicherweise ist dasselbe noch gar nicht im Druck erschienen. Der Anfang der Chronik lautet: »Cronica Gothorum a sancto Isidoro edita. Historiographi Hyspaniam triangulatam esse referunt videlicet superiorem et inferiorem et ex una parte circumvallat eam mediterraneum mare ab Yspali regione peninsulam viridem scilicet Gizir at alhadra transeundo allidens muros Almaria«. . . Die Chronik schliesst folio 49» . . suos cotinuo (sic) milites ad occupandas terras usque quaque direxit. ipse vero toleti residens super ispaniam regnare cepit. era septingentesima quinquagesima septima« [2]).
Das Madrider Ms. P. 138 membr. Gr. 8⁰ fol. 66 ff. enthält eine stark interpolirte Copie der Historien unter dem Titel: »Incipit hystoria Vandalorum suevorum et Gothorum ab ysidoro yspalensi archiepiscopo in breui colecta.« (Rückentitel: S. Isidori Hispal. Chronic.) Wahrscheinlich haben wir hier eine Abschrift des von Lucas Tudensis modificirten Textes [3]) vor uns, wie denn eine Hand des XVI. Jahrhunderts am Rande bemerkt: »Para conferir y corrigir bien este auctor que es don Lucas de Tuy conuendra que se presente otro exemplar porque por entrambos se coteje«. So citirt auch Knust (Archiv VIII, 790) aus dem M. Katalog: »Lucas Tudensis cronicon es continuacion del de S. Isidro y Ildefonso« Auffallend ist nur, dass in dem Ms. der gerade für Lucas charakteristische »Prologus ad Sisenandum regem« (vgl. unten)

---
1) G. Mittheilung des Scriptors der k. k. Hof-Bibliothek, Herrn Jos. Haupt. — Vgl. auch den Wiener Hss. Catalog zu den Nummern. (Bd. I. Wien 1864.)
2) Nach den Mittheilungen der Herren Delaborde und Monod.
3) Siehe darüber unten.

fehlt. Der Leidener Cod.¹) endlich, Perizon. Nr. 9, Folio (Schrift etwa aus dem Anfang des XV. Jahrhunderts), enthält nach dem Rückentitel angeblich »Illefonsi et B. Isidori Chronica«, in der That aber nur den vollständigen Text des grossen »Chronicon mundi« des Lucas, das allerdings auch die Hist. Gothorum in sich aufgenommen hat. Mit Recht hat daher auch hier auf der ersten Seite des Ms's eine spätere Hand hinzugefügt »La Historia del obispo don Lucas«. Bei einem Neudruck des Tudensis müssten die beiden Hs., welche bisweilen von dem in der Hisp. illustrata gegebenen Text abweichen, jedenfalls berücksichtigt werden²).

Wir schliessen hieran am Geeignetsten eine Aufzählung der Ausgaben Bs, da ein vollständiges Verzeichniss der Editionen mit genauer Scheidung nach den beiden Textclassen weder bei Rösler noch bei Arevalus gegeben ist.

Die Editionen Bs. folgen nach Zeit der Ausgabe so:

1. Die editio princeps des längeren Textes befindet sich in der Gesammtausgabe der Werke Isidors von 1599 Madrid (»la Real«), edirt von mehreren spanischen Gelehrten unter Leitung des Joh. Grial.

Die Historiae sind von Perez herausgegeben. Eine zweite Ausgabe ist unter Redaction von Bartholom. Ulloa 1778 zu Madrid erschienen. Ohne Zweifel liegen diesen »auf kgl. Befehl« besorgten Editionen gute handschriftliche Texte zu Grunde, doch erfahren wir von den Herausgebern Nichts darüber.

2. Hugo Grotius (s. p. 11.)

3. Philipp Labbe (s. p. 10. Anm. 6.) Nach Labbes Edition giebt auch Bouquet, Recueil II p. 700 ff. Auszüge aus der Hist. Gothorum und der Hist. Vandalorum.

4. España sagrada ed. Florez Tom. VI, Madrid 1757 p. 473.

Sodann die beiden neueren Ausgaben:

5. Rösler in der mehrfach erwähnten Edition: Isidori Hispalensis Historia Gothorum, Vandalorum, Suevorum, Tübingen 1803 und

6. Faustinus Arevalus, in der ebenfalls bereits genannten Ausgabe der sämmtlichen Werke Is's, Rom 1797—1803, Tom. VII (1803) p. 107 ff. (mit der ausführlichen Einleitung in den Isidoriana, Cap. LXXIX, Tom. I, p. 691 ff.)

7. Migne, Patrologia Latina, Tom. 83. p. 1057 ff. ist nur ein Abdruck von Arevalus. Die beste Ausgabe der

---

1) Der Codex hat mir selber vorgelegen.
2) Der von Potthast l. l. p. 404 als Chronica Isidori aufgeführte Codex Vossianus Latin. Nr. 20 in 4°, saec. IX enthält nur einige dürftige Fragmente des isidorischen Chronicon mundi (Mittheilung des Herrn du Rieu).

zweiten Gruppe ist entschieden die von Arevalus, welcher den grössten Theil der vorhergehenden Editionen vor sich gehabt und fast durchweg in besonnener Weise benutzt hat[1]). Weniger empfehlenswerth ist Rösler, dem einmal keineswegs sämmtliche frühere Editionen zur Collation zur Verfügung standen, der anderseits auch in Bezug auf die ihm vorliegenden häufig ohne Kritik verfahren, so zum Beispiel auf die vielfach modificirte Fassung des Textes bei Lucas Tudensis zu viel Gewicht gelegt hat.

Lucas Tudensis nämlich, der somit neben den beiden grossen Gruppen von Ausgaben gleichsam ein drittes Genus repraesentiren würde, ein im Allgemeinen wenig zuverlässiger Autor des dreizehnten Jahrhunderts, hat seinem Chronicon mundi[2]) die beiden grösseren historischen Schriften des Is. als liber primus und secundus eingefügt und zwar so, dass die Historien (der längere Text) das zweite Buch bilden. Nicht selten treffen wir hier grössere selbständige Zusätze an, in denen Lucas seine Gelehrsamkeit leuchten lässt, aber auch kleinere Interpolationen finden sich häufig, während auf der andern Seite einzelne Wendungen des Originals aus irgend welchen Gründen ganz oder theilweis fortgefallen sind.

Besonders ist hier noch zu erwähnen der bei Lucas der Historia Vandalorum vorausgeschickte: Prologus Beati Isidori ad Sisnandum regem[3]), der mit den Worten beginnt:« Domino et filio charissimo Sisnando regi Gothorum Isidorus. Quia de origine Gothorum, Hispanorum, Suevorum et Alanorum et qualiter rexerunt Hispaniam tibi fieri notitiam postulasti, in hujus parte duximus laborandum«. Der Prolog findet sich nur bei Lucas und ist aller Wahrscheinlichkeit nach ein Machwerk dieses Schriftstellers. Dass Is. ihn verfasst haben sollte, ist schon desshalb völlig undenkbar, weil er seine Gothengeschichte mit einer überschwänglichen Lobeserhebung des Königs Svinthila schliesst, desselben, den Sisinanth später vom Throne stürzt. Freilich weiss Lucas Nichts von einem derartigen Ereigniss sondern macht vielmehr den Usurpator irriger Weise zu einem Sohne Svinthilas. Selbst die in das Schriftstück eingeflochtenen, die Schreibweise Is's imitirenden Etymologien, welche allein für die Autorschaft Is's sprechen könnten: Hispalis von Hispanus und Hispania wieder von Hispalis geben ein weiteres Argument für die spätere Erfindung des Prologs, da Is. in seinem grossen

---

1) Dagegen vgl. über das ebenfalls von Arev. aufgenommene »Elogium Hispaniae« sogleich p. 18.
2) Abgedr. in der Hisp. ill. Tom. IV ed. Andr. Schott. Frankf. 1608. p. 39 ff.
3) H. J. p. 40. Im Leidener Cod. Perizon. 9. Folio 30. p. 2.

etymologischen Werke den Namen seines Bischofsitzes ausdrücklich von der Lage der Stadt ableitet[1]: »eo quod in solo palustri suffixis in profundo palis locata sit«.

Das Elogium Hispaniae.

Bevor wir nun an eine Besprechung des Textes selber gehen, haben wir zunächst das gewissermassen als Einleitung dienende Schriftstück ins Auge zu fassen, welches unter dem Namen eines »Elogium« — oder »Laus« — Hispaniae« aus zwei Codices [2]) in mehrere Editionen übergegangen ist. Das »Elogium« findet sich im Cod. Claromontanus und in einem Cod. Legionensis, der aber wahrscheinlich nicht einmal die Hist. Gothorum enthält. Arevalus berichtet [3]) von ihm als Vorlage der zweiten Ausgabe der España sagrada »Elogium Hispaniae . . . in secunda editione Hisp. Sacrae ad ms. exemplar codicis Legionensis recognitum et emendatum« setzt aber dann mit Recht hinzu »Non videtur hic Legion. codex historiam gothorum comprehendisse: nam Florezius in elogio scripturae varietatem ex eo codice notat non in historia«. Dennoch hat sich Arevalus, allein auf das Zeugniss dieser beiden Manuscripte gestützt, veranlasst gefühlt das »elogium« für isidorisch zu erklären [4]) und es seiner Ausgabe der Hist. Gothorum vorauszusenden. Gegen die Aechtheit desselben sprechen aber einmal, dass sich weder in den fünf von mir aufgeführten Madrider Mss. noch in der Madrider Ausgabe von 1599 (la Real) noch auch in einer der Pariser Handschriften eine Spur von demselben findet. Sodann der Mangel an Beziehungen im »elogium« zu dem übrigen Text, drittens der bis zur Unerträglichkeit schwülstige und gekünstelte Stil, welcher der sonstigen Schreibweise unsers Autors durchaus fremd ist. Endlich, dass Lucas Tudensis für seine Ausgabe ebenfalls eine Einleitung mit derselben Tendenz »de excellentia Hispaniae« verfasst hat, wobei nicht abzusehen ist, wesshalb der Compilator, der sogar nicht vor einem »Prologus ad Sisnandum regem« zurückscheute, das »elogium« ausgestossen haben sollte. Aus diesen Gründen scheint es uns geboten das elogium Is. abzusprechen; freilich wer der Verfasser desselben gewesen ist, lässt sich heute nicht mehr bestimmen. Vielleicht haben wir in ihm einen spanischen

---

1) Etymologiae L. XV. Cap. 1, 71.
2) Ueber das sogenannte »Laus Gothorum« im Cod. Sangall. 133.
s. p. 32.
3) I, p. 699, 700.
4) I, p. 699 u. 700.

Mönch zu suchen, der die Historia abschrieb und den Lobgesang auf sein Vaterland als introductio vorausschickte, möglicherweise auch ist es ganz ohne Zusammenhang mit der isidorischen Schrift entstanden und erst später derselben als Einleitung vorgesetzt.

Das Verhältniss der beiden Texte zu einander.

Welches die ursprüngliche Reihenfolge der einzelnen Historien auf einander gewesen sein mag, lässt sich aus den Handschriften nicht entnehmen, da diese sie sehr verschieden angeben. In den Madrider Codd. X. 161 und T. 10 sowie im Ms. Vallicellian. R. 33 nimmt die Hist. Vand. den ersten, die Hist. Suev. den zweiten Platz ein, und die Gothengeschichte macht den Beschluss. Dieselbe Folge finden wir bei Lucas Tudensis, für den hier Rösler wieder eine Lanze bricht[1]). Cod. Madrit. F. 58 ordnet: Hist. Vand., Goth., Suev. Am Natürlichsten erscheint es wohl die Hauptschrift vorangehen und die kleineren Historien folgen zu lassen. Diese Anordnung, mit Recht von sämmtlichen Editionen aufgenommen, ist geschützt durch die älteren Handschriften: Cod. Claromontanus, die beiden Pariser Manuscripte sowie die Madrider Codd. F. 36 und X. 28.

Die Differenz zwischen den beiden Texten bleibt in den drei Historien im Grossen und Ganzen die nämliche. Relativ am Wenigsten differiren sie in den letzten Partieen der Hist. Goth. von dem Bericht über Leovas I Regierung an und in der Hist. Vandalorum. In der Frage nach der Priorität der Texte nun hat bisher — namentlich seitdem Arevalus und Rösler das letzte Wort gesprochen — unangefochten die Annahme gegolten, dass der Text A nur als ein Excerpt aus Text B anzusehen sei. Keine Stimme hat sich noch für die kürzere Fassung erhoben, wenn man sie auch neben der längeren — besonders in der Ausgabe des Pithou — nicht selten zu Belegen herangezogen hat. Die Hauptschuld daran, dass sich bis heute noch Niemand einer eingehenden Untersuchung dieser Frage unterzogen hat, trägt wohl ohne Zweifel der so überaus verderbt auf uns gekommene, an Dunkelheiten reiche handschriftliche Text von A, dessen fehlerhafte Lesarten allerdings bisweilen anscheinend gradezu Verdrehungen der Thatsachen bringen, die man dann aus der Nachlässigkeit und Flüchtigkeit oder aus groben Missverständnissen des »Epitomators« erklärt hat. Zu den fehlerhaften Stellen des Ms's sind in der Ausgabe des Pithoeus andere Unrichtig-

---
[1]) R. praefatio ad. ed. p. XIV.

keiten hinzugetreten, welche die späteren Editoren dann von der editio princeps in ihre Ausgaben mit herüber nahmen: So erklären sich Crospida für das handschriftliche Orospida; injuria (zur Regierung Leovigilds) für in jure [1]), die Aerenangabe CCCCLXVII (zur Regierung Theoderichs I) für CCCCLVII u. s. w. — Anderseits freilich hat Pithou auch schon manches Dunkle gebessert: so zur Regierung Eurichs die Aerenangabe DIIII für das handschriftliche DCCCIIII; zur Aera 457 (467) und sonst »contentus« für »contemptus«; zu Recareds Regierung »lacertos movere« für »laceratos movere« u. s. w., wenn er auch nicht immer das Richtige getroffen hat, denn statt des handschriftlichen »Lucaniam« [2]) muss es offenbar »Lucum« heissen, wie die Quelle (Idacius) und Text B haben, nicht »Lusitaniam«, wie Pithou corrigirt. — Durch die Is. zu Grunde liegenden Quellen sowie den längeren Text, den Pithou nicht gekannt, ist es uns zum Theil möglich die Schreibfehler in dem Pariser Ms. zu controliren. Als schlechte Lesart der Hs. ist leicht zu corrigiren: der anscheinend sinnlose aber in alle Editionen aufgenommene Bericht über die Flucht des schwachen Königs Gisalaich nach Barcinona:« iste (vid. Gisal.) cum multis vi dedecore et cum magna suorum clade apud Barcinonam se contulit« in »cum multo sui dedecore etc.« wie B auch berichtet. In gleicher Weise sind die folgenden Lesarten in B vorzuziehen, resp. A durch B zu emendiren: (Zur Regierung des Theudis): »pacem concessit ecclesiae adeo ut« (B) für »p. c. e. Dei ut« (A); (Zur Regierung Leovigilds) »tantamque in vultu gratiam habuit«, entgegengesetzt dem sogleich folgenden »et tantam in animo benignitatem gessit« für »tantamque vulgus etc.«, das alle Ausgaben von A bringen. (Zur Regierung Recareds) »gentem quasi in palaestrae ludo videtur exercuisse« für »g. q. in palaestra eludii v. e.« u. s. w.

Die schlechte Beschaffenheit des handschriftlichen Materials also ist es vorzüglich gewesen, was die ungünstige Beurtheilung des kürzeren Textes der Historien veranlasst hat. Dass wir aber in A nicht ein blosses Excerpt aus B vor uns haben ist unschwer einzusehen. Wir treffen bei A nicht nur verschiedentlich auf originelle von, B völlig unabhängige Berichte, sondern es findet sich auch in A nicht selten ausgedehntere und besonnenere Benutzung der vorliegenden Quellen. Als Beleg für die selbständigen

---

[1] Nur du Breul corrigirt »Orospida« und »in jus«.
[2] Zur Regierung Theoderichs I, gegen das Ende.

Nachrichten in A möge das Folgende dienen: Zur Aera CDLN wird der Theil der Vandalen näher bestimmt, in deren Schutz sich die Alanen begeben, flüchtend vor den unter Vallia in Spanien eindringenden und Alles vor sich niederwerfenden Gothen: »Isti sunt Vandali« heisst es da »qui postea Suevorum obsidione relicta ad Beticam transierunt captaque Hispali in Africam migraverunt«. Zur Aera DXXII sind die Worte über Alarichs II. Jugend beachtenswerth: »Qui cum a pueritia vitam in otio et convivio peregisset etc.« Unter der Regierung des Theudis berichten A und B von dem Einbruch der Franken in Spanien, aber A allein bringt die Nachricht von der Belagerung Caesaraugustas durch dieselben: »Iste (näml. Theudis) Francorum reges quinque Caesaraugustam obsidentes etc. debellavit.« Selbständige Zeitangaben bei A treffen wir in der Hist. Vandal. zur Regierung Gelimers und in der Hist. Suev. zu der des Remismund. — Hier mag auch die als bezeichnend für Is's Anschauungen und Gesinnungen mit Recht oft citirte schöne Stelle angeführt werden, in der Is. die milde Herrschaft der Gothen gegenüber dem drückenden Joche der Byzantiner preist[1]): (zur Aera 447, nach der Schilderung der Eroberung Roms durch Alarich): »Unde et hucusque Romani, qui in regno Gothorum consistunt, adeo amplectuntur, ut melius sit illis cum Gothis pauperes vivere quam inter Romanos potentes esse et grave jugum tributi portare.« Dass A den beiden Texten gemeinsamen Quellen öfter treuer folgt als B, zeigt die Vergleichung einiger aus Idacius geschöpfter Berichte: Ueber die Gefangennahme des Sueven-Königs Rechiar (zur Aera CDXCI) berichtet:

Idacius.[2])	A.	B.
Rechiarius ad locum, qui Portucale appellatur, profugus regi Theudorico captivus adducitur.	Rechiarius vero ad locum Portuculae profectus*) regi Theudorico captivus adducitur.	... ipse (vid. Rechiarius) ad locum Portucalae capitur regi que Theuderico vivus offertur.
	*) So die H. S. Vielleicht können wir auch hier „profugus" bessern.	

Ueber die Verwüstung Lusitaniens durch Eurich (zur Aera DDN) heisst es bei:

---

1) Wenn diese Stelle sich auch vollständig an des Orosius Worte anlehnt (vgl. unten), so ist sie doch von A gänzlich unabhängig.
2) Roncalli, a. a. O. II. p. 39/40.

Idacius.[1]	A.	B.
Gothi circa eundem conventum pari hostilitate desaeviunt partes etiam Lusitaniae depraedantur.	(Euridicus) statim bello desaevit partcisque Lusitaniae depraedatur.	Nec mora (Euricus) partes Lusitaniae magno impetu depraedatur.

In demselben günstigeren Lichte B gegenüber erscheint A in den Nachrichten über Ulfilas (zur Aera 415), aus der Historia trip. des Cassiodor entlehnt[2]); in den Berichten über die Operationen der Gothen in Spanien unter Ceurila's Führung (zur Aera 491), aus Idacius u. s. w.

Aber auch vollständige, zusammenhängende, den Quellen genau folgende Berichte finden sich im kürzeren Text, die wir bei B vergeblich suchen: ich erwähne hier die Schilderung der Eroberung Bracaras durch Theoderich II. (zur Aera 491), aus Idacius[3]), der hierüber berichtet:

Theudorico rege cum exercitu ad Bracaram extremam civitatem Gallacciae pertendente die Dominico etsi incruenta fit tamen satis moesta et lacrymabilis ejusdem direptio civitatis. Romanorum magna agitur captivitas.	und darnach A: Theudorico autem cum exercitu ad civitatem Bragarensem pertendente, die Dominico etsi incruenta tamen satis lamentabilis ejusdem direptio civitatis et Romanorum magna captivitas fuit.

Es fehlt bei B ebenso völlig der Bericht über die von Theoderich II. bei seinem Abmarsch nach Gallien in Spanien zurückgelassene Heeresabtheilung, die sich gegen Gallicien wendet und Asturica (heute Astorga) plündert. Bei A finden wir über das Ereigniss in genauem Anschluss an Idacius berichtet: »(Theudericus) partem exercitus cum suis ducibus iterum ad campos Galliciae dirigit, qui caesa Asturicensi regione rursum revertuntur ad Gallias.« — Ferner sind zu nennen als bei A vorhanden, bei B fehlend: der Bericht über die Empörung einiger Grossen gegen König Recared[4]

---

1) Roncalli II. p. 53/54.
2) Vgl. unten.
3) Roncalli II. p. 39/40.
4) Der Satz fehlt in der Madrider Edition und dem Cod. Claromontanus; während ihn Labbe in cursiver Schrift in den Text gerückt hat. Nach ihm hat ihn auch Florez aufgenommen (cf. Arev. VII. p. 125). Ihnen ist dann Rösler gefolgt, während Arevalus die Notiz als im längeren Text nicht vorhanden, consequent auslässt.

aus Johannes Biclariensis, die kurze Erwähnung von Leovigild's Sieg über die Stadt Orospida, nach demselben Autor; in der Hist. Suevorum die Nachricht von der Einnahme Ilerdas durch König Rechiar und der Bericht über die Thaten des Königs Maldras (Verwüstung Lusitaniens, Eroberung Lissabons, Plünderung der Duero-Gegenden) nach Idaz. Aus all dem Angeführten geht somit deutlich hervor, dass wir es bei A mit einem einfachen Auszuge aus dem längeren Text nun und nimmermehr zu thun haben. Wird nun schon hiedurch die Priorität von B sehr in Frage gestellt, da man bei einer späteren kürzenden Redaction eines Textes schwerlich noch Excerpte aus den Quellen würde hinzugefügt haben, wie man nach dem Angeführten annehmen müsste, während es gar nicht so unnatürlich erscheint, dass bei einer späteren Erweiterung auch ausserdem die bekannten Quellen des ursprünglichen Textes zu Rathe gezogen wurden, wie es von B geschehen ist, so treten noch andere gewichtige Gründe zum Beweise der Originalität von A hinzu. (Die Hervorhebung einiger minder entschieden für A sprechender Punkte werden wir bei der Untersuchung der Quellen nachholen.)

Die Originalität von A ergiebt sich zur Evidenz aus Collationen der beiden Texte in verschiedenen aus andern Autoren gemeinsam geschöpften Berichten, wo wir einerseits weit genauere Benutzung der Quellen durch A erkennen, anderseits nicht wenige A originelle Ausdrücke in der Erzählung bei B wiederkehren sehen. Hier liegt also der Schluss auf der Hand, dass B in diesen Berichten nicht selber, direct sondern nur mittelbar, durch A die Quellen benutzt, mit andern Worten hier nur von A abgeschrieben haben kann. Ueber das Ende Athaulfs berichtet:

Idacius.[1]	A.	B.
Ataulfus a Patritio Constantio pulsatus ut relicta Narbona Hispanias peteret per quendam Gothum apud Barcinonam inter familiares fabulas jugulatur.	Qui(Athaulfus)dum a Constantio Romano patricio admoneretur ut relictis Galliis Hispanias peteret, per quendam Gothum apud Barcilonam inter familiares fabulas jugulatur.	Ataulfus autem dum relictis Galliis Hispanias peteret a quodam suorum apud Barcinonam inter familiares jugulatur.[2]

---

1) Roncalli II. p. 17/18.
2) Vgl. zu der Stelle das unten Gesagte.

Dasselbe Verhältniss ergiebt sich aus einer Vergleichung der beiderseitigen Nachrichten über die erfolglose Bestürmung Emeritas durch Theoderich II., die ebenfalls der Erzählung des Idacius entnommen sind. Es heisst bei:

Id.[1])	A.	B.
Theudoricus Emeritam depraedari volens beatae Eulaliae martyris terretur ostentis........Theudoricus adversis sibi nunciis territus de Emerita egreditur et Gallias repetens etc.	Theudoricus dum Emeritensem urbem depraedari moliretur beatissimae Eulaliae martyris terretur ostentis. Mox adversis sibi nunciis territus de Emerita egressus Gallias repetit etc.	Theudericus dum Emeritensem urbem depraedari moliretur S. martyris Eulaliae ostentis perterritus cum omni protinus exercitu discedit et Gallias repetit.

Die »adversi nuncii« bei Idaz, durch welche Theoderich bewogen wird nach Gallien zurückzukehen, beziehen sich auf die Absetzung des dem König befreundeten Kaisers Avitus. Im Texte B erscheinen als einzige Veranlassung der Heimkehr die Wunderzeichen der h. Eulalia.

Zu dem nämlichen Resultat führt die Collation der Nachrichten über die Zurückerstattung der von Leovigild den Kirchen geraubten Güter durch Recared, wo Johannes v. Biclaro Quelle ist. Von dem Letzteren wird berichtet[2]): »Recaredus Rex aliena a praedecessoribus direpta et fisco sociata placabiliter restituit; Ecclesiarum et Monasteriorum conditor et ditator efficitur«; darnach von A: »(Recaredus) adeo liberalis ut opes privatorum, Ecclesiarum praedia direpta a patre et fisco associata juri proprio restitueret« und darnach bei B: »(Reccaredus) adeo liberalis ut opes privatorum et Ecclesiarum praedia, quae paterna labes fisco associaverat, juri proprio restauraret.«

Auch im längeren Text findet sich nun anderseits eine ganze Reihe von A unabhängiger oder auch ganz selbstständiger Auslassungen. Aber welcher Art sind dieselben zum grossen Theil?

Zunächst treffen wir auf eine Anzahl moralisirender Sätze, Erörterungen über religiös-theologische Fragen u. s. w., welche völlig den Stempel späterer Einschiebsel tragen, dem Charakter der knapp gefassten Hist. Goth. fremd sind, die sich ja in der Einleitung selber nur die Aufgabe eine Geschichte der gothischen Könige zu geben gestellt hat: »quo-

---

1) Roncalli II p. 41/42.
2) Roncalli II. p. 394.

rum (regum) oportet tempora per ordinem cursim exponere.«
So wird im Anschluss an Orosius in zum Theil bilderreichen
Worten über die durch Valens veranlasste Bekehrung der
Gothen zum Arianismus geklagt. Gleich darauf folgt eine
kurze Darlegung der arianischen Lehre, welche »ähnlich den
heidnischen Culten drei Götter zugleich zu verehren gebiete.«
Zur Aera 457 erscheinen die Hunen als strafendes Werkzeug
in der Hand Gottes, als «Ruthe des göttlichen Zorns.« —
Ein Hinweis auf das Fundament des katholischen Dogmas,
die Lehre von der Dreieinigkeit findet zur Aera 624 statt
bei Gelegenheit des Berichts von dem Uebertritt Recareds
zur orthodoxen Kirche. Bemerkenswerth ist auch, dass B
sich meist in leidenschaftlicherer Weise über den Arianismus
äussert wie A. Es mögen als besonders signifikant die Worte
angeführt werden, welche sich an den Bericht über den Abfall des Ajax von der katholischen Kirche (in der Hist. Suev.)
anschliessen. Da heisst es bei A ganz objectiv: »Cujus
(Ajacis) seductione Suevi a fide Catholica recedentes in
Arrianum dogma declinant«, bei B dagegen (zum Theil nach
Idacius): »(Ajax) de Gallicana Gothorum regione hoc pestiferum virus afferens et totam gentem Suevorum letalis perfidiae tabe inficiens etc.« Die Nachricht des Victor v. Tunnuna[1])
über das Martyrium des Bischofs Laetus von Lepte unter
König Hunerich, die wir im kürzern Text einfach mit den
Worten der Quelle verzeichnet finden, wird von B pomphaft
erweitert: »Qui dum Ariani contagii labe variis poenis maculari non potuit, victor repente caelos obtinuit.« Von all
solchen Expectorationen hält sich der kürzere Text frei, nur
wo der ketzerische Kaiser Valens, der dem Gothenvolk das
»verderbenbringende Gift« des Unglaubens hatte zutragen
lassen, selber in den Flammen umkommt, da kann auch er
nicht umhin dieses von jedem Rechtgläubigen als Strafe des
Himmels angesehene Ereigniss mit dem frommen Commentar zu
begleiten: »ut merito ipse ab eis temporali cremaretur incendio, qui tam pulchras animas ignibus aeternis tradiderat.«
Aber selbst hier will A dies harte Urtheil gleichsam von sich
abwälzen, indem er zwischen merito und ipse die Worte
»juxta cujusdam sententiam« einschiebt, die sich wohl auf
eine ähnliche Auslassung des Orosius[2]), der hier zum Theil
Quelle Is's gewesen ist, beziehen.

Mit Vorliebe sind auch von B aus früheren Autoren

---

1) Roncalli II. p. 347/848.
2) L. VII., 33. Ende: „Itaque justo Dei judicio ipsi eum vivum
incenderunt qui propter eum etiam mortui vitio erroris arsuri sunt."
Vgl. auch schon Ruffin (H. E. XI, 13. ed. Cacciari Tom. II. p. 91):
„V. impietatis suae poenae igni exustus dedit."

Erzählungen mit wunderbarer oder sagenhafter Färbung herübergenommen, die wir bei A vergeblich suchen[1]). Bei dem Bericht über die Einnahme Roms durch Alarich wird die Rettung der kirchlichen Gefässe durch eine muthige christliche Jungfrau in ausgedehntester Weise nach Orosius geschildert. — Wörtlich wiederholt sind die von Idacius ausführlich berichteten Wunder, welche im Jahre der Schlacht »auf den catalaunischen Feldern« am Himmel geschehen. Demselben Chronisten nacherzählt finden wir die Deutung der Daniel'schen Weissagung von der Verbindung der Tochter des Königs gegen Mittag mit dem König gegen Mitternacht auf die Heirath zwischen Athaulf und Placidia. B citirt die Stelle im Daniel (IX., 6) selbständig noch weiter, indem er nach der Anwendung der Prophetie hinzufügt: »sicut et idem (sc. Daniel) in sequentibus propheta subjungit dicens : Nec stabit semen ejus.« Auf die Weissagung der Propheten bezieht sich B auch im Beginn der Hist. Vandal., wo wir nur im längeren Text die sagenhaft ausgeschmückte Schilderung des Idacius[2]) von der grauenvollen Verwüstung Spaniens durch die eindringenden barbarischen Schaaren aufgenommen finden. Der Verwüstung folgen Pestilenz und die entsetzlichste Hungersnoth[3]), und die wilden Thiere vollenden das Unglück des furchtbar heimgesuchten Landes. Da heisst es am Schluss: »atque ita IV. plagis per omnem Hispaniam saevientibus divinae iracundiae per prophetas scripta olim praenunciatio adimpletur.« Auch sonst finden sich bei B nicht selten Bibelstellen zur Belebung des historischen Referats, von denen A bis auf einen Fall frei ist. Wir kommen sogleich zurück auf die Heranziehung der Weissagung des »Ezechiel« in der Einleitung zur Hist. Gothorum. Auf die „traditio scripturae sanctae" beruft sich B auch bei Gelegenheit der Verurtheilung des arianischen Dogmas[4]) (zur Aera 425). Ebenso spielt der Passus zur Regierung des Svinthila »Ita ut non solum princeps populorum sed etiam pater pauperum vocari sit dignus« auf die bekannte Stelle im Buch Hiob (29, 16) an. — Daniel wird von B nach Idacius. Vorgang noch einmal angezogen, in der Hist. Vandalor. zur Regierung Geiserichs,

---

1) Wirkliche Wundererzählungen hat der kürzere Text mit dem längeren nur zwei gemeinsam : Einmal die von der Farbenänderung der Schwerter gothischer Krieger, die König Eurich um sich versammelt hat (nach Idacius) und zweitens die Nachricht von den africanischen Märtyrern, denen König Hunerich die Zungen abschneiden lässt, die aber trotzdem bis an ihren Tod sprechen (aus Victor v. Tunnuna).
2) Roncalli II. p. 15/16.
3) »Edebant filios suos matres«, vgl. Idacius : »Matres quoque necatis vel coctis per se natorum sint pastae corporibus.«
4) »ut jam non — secundum s. s. traditionem — unus Deus et Dominus coleretur sed etc.«

wo es heisst: »et juxta prophetiam Danielis demutatis mysteriis Sanctorum ecclesias Christi hostibus tradidit.« — A hat mit B nur ein Citat aus der Bibel gemeinsam, und zwar zur Regierung des Sisibut, wo von der gewaltsamen Bekehrung der Juden durch diesen König die Rede ist. Da finden wir in beiden Texten fast gleichlautend: »Potestate enim compulit, quos provocare fidei ratione oportuit, sed sicut scriptum est (B. e. s.) sive per occasionem sive per veritatem Christus adnuntietur (B »annunciatur«)«.[1] Die hier angezogene Stelle der h. Schrift findet sich Philipp. I., 18.

Im Anschluss an die Bibelcitate sei hier auch des einzigen dichterischen Ergusses der sich ausser den poetischen Citaten in der sogen. »Recapitulatio« im längern Texte findet, Erwähnung gethan, mit dem die Beschreibung des furchtbaren Feindes der Christenheit, des Hunenvolks schliesst: »Adeo autem haec gens horrida est, ut cum famem in bello fuerit passa, venam tangat equi et sic excludat hausto sanguine famem.« Es verstecken sich in diesen Worten Reste von Hexametern, deren Ursprung wir nicht haben ermitteln können. Jedenfalls hat die poetische Schilderung der Hunen bei Apollinaris Sidonius[2]), an die zu denken man am Ersten versucht wäre, nicht vorgelegen. — In all den bis jetzt mitgetheilten von A unabhängigen Ausführungen bei B ist uns thatsächlich Neues nicht begegnet, doch bringt auch der längere Text selbständige, bei A völlig fehlende historische Berichte, die zum Theil früheren Aufzeichnungen entnommen sind, zum Theil auch B ganz eigenthümlich zu sein scheinen. Aber alle diese selbständigen Nachrichten tragen mit wenigen Ausnahmen einen mehr oder minder fabelhaften, unglaubwürdigen Charakter.

Hierher gehören gleich die den längeren Text der Historien einleitenden, ziemlich unklaren und in den Hss. vielfach von einander abweichenden Notizen, welche zunächst mit der schon erwähnten Berufung auf die Weissagung des Propheten Hesekiel die Ansicht Einiger von der Abstammung der Gothen von Gog und Magog anführen. Diese Gothen sollen dann auch Judaea verwüstet haben.[3]) Ihr Name bedeutet auf lateinisch fortitudo, und ein Beweis für ihre Tapferkeit liegt darin, dass kein Volk der Erde die römische Herrschaft so beständig beunruhigt hat wie die Gothen. Die angezogene Prophetie findet sich bei Hesekiel Cap. 39. Die

---

1) Der Cod. Claromontanus einerseits und die Pariser Edition von du Breul anderseits fügen noch die folgenden Worte der Bibelstelle hinzu: »in hoc gaudeo et gaudebo.«
2) ed. Sirmond, opera varia I. p. 1142.
3) Der Passus über die Eroberung Judaeas fehlt bei Labbe.

Sage von der Eroberung des h. Landes durch die Gothen, auf Grund der Identificirung Dieser mit den Gog- und Magog-Völkern, scheint ziemlich verbreitet gewesen zu sein.[1]) Die einleitenden Sätze bei B stimmen zum Theil wörtlich mit den Worten Is's in den Etymologien IX., 2, 89 überein, zum Theil sind sie Hieronymus nacherzählt.[2])

Ferner kommt hier in Betracht der Bericht bei B von der Anwesenheit gothischer Krieger in einem zwischen Caesar und Pompejus gelieferten Treffen, in dem die Gothen auf Seite des Letzteren kämpfen. Augenscheinlich werden hiebei die Schlachten von Pharsalus und Dyrrhachium confundirt, denn auf den ersteren Kampf weist die locale Bestimmung »in Thessaliam« hin, während der übrige Bericht nur für die Niederlage Caesars bei Dyrrhachium passt. Diese lebendige Schilderung von der entscheidenden Theilnahme der Gothen an der Schlacht ist B eigenthümlich. Veranlassung zu der Erzählung mag die Sage vom Kampfe Caesars gegen die Gothen gegeben haben, die sich auch bei anderen früheren Autoren angedeutet findet: bei Orosius I, 16;[3]) Jordanis, d. r. G. XI. Aber weder Orosius noch Jordanis noch auch Eutrop, der hier zum Theil als Grundlage gedient hat[4]), wissen etwas von der Pompejus durch die Gothen geleisteten Hülfe in der Schlacht bei Pharsalus oder Dyrrhachium. Dagegen werden die Geten neben Aethiopen, Indern, Persern, Medern, Griechen, Armeniern und Scythen als in der Schlacht von Pharsalus anwesend genannt von Lucan in seinem grossen Epos Pharsalia[5]), einer zu Is's Zeit viel tractirten Lectüre, die vielleicht ebenfalls auf die Erzählung nicht ohne Einfluss gewesen ist.

Sehr merkwürdig ist auch die sonst nirgend belegte Nachricht, dass in der Schlacht bei Adrianopel die Gothen ihre von Athanarich einst vertriebenen christlichen Landsleute — also die später sogen. Kleinen Gothen — auf römischer Seite wiedergefunden und sie zur Theilnahme an dem

---

1) S. Hieronym., comment. in Ezechielem L. XI. (ed. Vallarsius Tom. V p. 406) u. sonst. — Vgl. auch Adam v. Bremen, Gesta H. P. I, Cap. 28. »Et nisi fallit opinio etc.«

2) Vgl. Hieron. Quaest. Hebr. in Genesim 10. (Bei Vallarsius, H. opera omnia, Tom. III. p. 318.)

3) Nach Orosius theilt auch A einen sagenhaften Satz mit B. Doch da dieser dem Wortlaut nach aus der Quelle entlehnt ist, ist er eher verzeihlich: Es ist der zweite Satz des kürzeren Textes: »Isti (scil. Gothi) enim sunt, quos Alexander vitandos pronuntiavit, Pyrrhus pertimuit, Caesar exhorruit.«

4) S. unten.

5) Lucan., ed. C. F. Weber, Leipz. 1831. III p. 807 ff. u. sonst. (Vgl. den Index zu der Ausgabe.) Von Is. wird Lucan. in den Etym. ganz besonders oft citirt. (Vgl. Arev. u. Otto a. a. O.)

gemeinsamen Beutezug aufgefordert hätten. Die christlichen Gothen aber wären auf das Anerbieten nicht eingegangen. Keiner der christlichen über den Verlauf der Schlacht berichtenden Geschichtschreiber vor Is., die doch ein solches Ereigniss gewiss nicht unerwähnt gelassen haben würden, überliefert uns irgend welche derartige Kunde.

Den Stempel eines späteren Zusatzes trägt unverkennbar der ganze Abschnitt des längeren Textes zum Jahre 382 p. Chr. (Aera 420), von dem wir bei A keine Spur finden: »Gothi patrocinium Romani foederis recusantes Alaricum regem sibi constituunt, indignum judicantes Romanae esse subditos potestati eosque sequi quorum jam pridem leges imperiumque respuerant, et de quorum se societate, proelio triumphantes averterant.«

Alarich war in dem angeführten Jahr noch im ersten Knabenalter, welcher Umstand allein schon genügen würde die Unhaltbarkeit der Nachricht darzuthun, da die Gothen doch wahrlich nicht ein Kind zum Vertreter ihrer Selbstständigkeit Rom gegenüber gewählt haben würden. Aber auch ausserdem finden wir nirgend etwas von einer Aufhebung des erst unter Athanarich mit den Römern geschlossenen foedus in jener Zeit verzeichnet. Da sich nun die Königswahl Alarichs unmittelbar an den Tod Athanarichs (Aera 419 = 381 p. Chr.) anschliesst,[1]) so liegt es auf der Hand, dass vom Texte B der ganze Bericht nur erdichtet ist um die Continuität der gothischen Königsreihe aufrecht zu erhalten. Dem entsprechend wird zum Tode Alarichs bei B notirt: »Mors Alarici confestim secuta: XXVIII regni anno defunctus est in Italia«, indem Is. den Tod ins Jahr 410 setzt. In der That aber hat Alarich nur sechzehn Jahre über die Gothen als König geboten.[2])

In den späteren Abschnitten der Hist. Gothorum haben wir eine Anzahl in B allein verzeichneter Nachrichten, die wahrscheinlich auf mündlicher Tradition beruhen. Ungenau ist zunächst der selbständige Bericht bei B über die den Westgothen durch Theoderich d. Gr. gebrachte Hülfe, der keineswegs, wie B will, „sofort" nach der Kunde von der Niederlage und dem Tode seines Schwiegersohnes selber von Italien

---

1) In diesem Zusammenhang erscheint der in den meisten Editionen aufgenommene Schlusspassus des vorhergehenden Abschnittes: »et fuerunt (Gothi) cum Romanis XXVIII annis« völlig sinnlos. Die Worte fehlen im Cod. Claromontan. und sind jedenfalls als späteres Einschiebsel zu betrachten.
2) Vgl. schon Köpke, Königthum der Germanen p. 124 und darnach Volz, de Vesegothar. c. Romanis conflictionibus. Greifsw. 1861. p. 10, Anm. 9. — Ueber den weiteren Bericht bei B von Kämpfen zwischen Alarich und Radagais s. unten.

mit Heeresmacht aufbricht,[1]) sondern erst im Juni des folgenden Jahres (508) seinen Feldherrn Ibba zur Bekämpfung der Franken nach Gallien entsenden kann. — Entschieden eine sagenhafte Färbung trägt die nirgend weiter belegte Erzählung bei B von der Bestechung des Theudigisel (Theudisclus) durch die Franken, die in Folge dessen einen Tag und eine Nacht Frist zur Flucht über die Pyrenäen erhalten. — Auffällig ist auch, dass der detaillirte Bericht des längeren Textes über den unglücklichen Ausgang der von Theudis gegen die byzantinische Stadt Septe (Ceuta) entsandten Expedition, wo die kaiserlichen Truppen über die sabbathfeiernden Gothen herfallen und sie bis auf den letzten Mann niederhauen, von keinem Geschichtschreiber dieser Zeit bestätigt wird.

Nicht eben sehr vertrauenerweckend klingt auch die gleichfalls sonst nicht überlieferte Nachricht in B, dass Theudigisel die Frauen vieler gothischer Grossen zum Ehebruch verführt und dann aus Furcht vor der Rache der beleidigten Ehemänner auf den Tod dieser gedacht habe. Die Grossen aber seien dem Könige zuvorgekommen und hätten ihn beim Mahle ermordet. A bringt nur die Nachricht von der Ermordung Th.'s beim Mahl durch Verschworene; und schlecht passt zu dem von B angeführten Anlass zur Beseitigung des Königs die moralische Entrüstung, welche Gregor v. Tours grade bei dieser Gelegenheit zeigt, in den viel citirten Worten[2]): »Sumserant enim Gothi hanc detestabilem consuetudinem, ut si quis eis de regibus non placuisset, gladio eum adpeterent etc.«

Von der Sage umwoben erscheint endlich die ebenfalls allein im längeren Texte überlieferte Kunde von dem Kampf der Bürger von Cordova gegen König Agila, der die katholische Religion missachtet und die heilige Stätte des Märtyrers Acisclus mit dem Blut von Feinden und Thieren besudelt hatte. Da mischen die Himmlischen sich selber in den Kampf, der eigene Sohn des Königs fällt und mit ihm eine grosse Menge gothischer Krieger. Agila verliert seinen ganzen Schatz und muss in kläglicher Flucht das schützende Emerita aufsuchen.

Einen ähnlichen Charakter wie die kurze oben besprochene Einleitung bei B trägt die sogenannte »Recapitulatio (Cod. Clarom. Capitulatio) in laudem Gothorum,« eine Lobeserhebung der Gothen, die sich bei B mit wenigen und thatsächlich meist unerheblichen Modificationen in mehreren Hss. und sämmtlichen Ausgaben findet, bei

---

1) Isid. B. »Theudoricus autem Italiae rex dum interitum generi comperisset, confestim ab Italia proficiscitur, Francos proterit etc.«
2) Hist. Fr. L. III, Cap. 30.

A dagegen fehlt. In den Mss. ist das Schriftstück als Schluss der Hist. Gothorum angehängt, welcher Anordnung alle Ausgaben mit Recht gefolgt sind, bis auf Rösler, der, wie er selber sagt, durch die Autorität des Lucas Tudensis bewogen die Recapitulatio als Prolog der Hist. Gothorum vorausgeschickt hat. Auf diese Weise geht natürlich ein Theil der in den Hss. enthaltenen, bei Lucas freilich fortgelassenen Einleitung in die Gothengeschichte bei Rösler verloren. — Die Recapitulatio beginnt — zum Theil in wörtlicher Wiederholung des Anfangs der Einleitung — mit der Abstammung der Gothen von Gog und Magog. Es reiht sich daran eine ziemlich unbestimmte Beschreibung der frühesten Wohnsitze der Gothen, worauf in kurzen Zügen ihre Kriegsthaten von ihrem Uebergang über die Donau an bis zur Begründung einer festen Herrschaft (sedes vitae et imperium) auf der pyrenäischen Halbinsel geschildert werden. Auch in diesen Nachrichten stimmen manche Ausdrücke mit denen der Historia überein: so »pulsi« mit »expulsi,« »transgressoque Danubio« mit »transitoque Danubio,« »indignati regem sibi... legunt« mit »regem sibi constituunt, indignum judicantes etc.« Dann beginnt das eigentliche Elogium, dessen Wendungen bisweilen an den überschwänglichen Stil der »Laus Hispaniae« anklingen. Ja, der Lobredner versteigt sich sogar zu poetischen Citaten: »Mortem contemnunt laudato vulnere Getae« und »unde et poëta: Getes, inquit, quo pergit equo«, deren Verfasser nachzuweisen ich nicht im Stande bin. Man hat mit Unrecht Virgil zum Autor des ersteren Verses machen wollen,[1]) der gewiss nicht von einem antiken Dichter stammt, da kein Alter Getae in der ersten Sylbe lang gebraucht. Auch in diesem Theile, der eigentlichen »Lobeserhebung« finden wir wörtliche Anklänge an Ausdrücke des längeren Textes der H. G., doch ist es interessant dabei zu sehen, wie der Verfasser der Recapitulatio sich bemüht hat diesen Gleichklang zu verdecken. So heisst es in der Rec.:

| Quibus (vid. Gothis) tanta extitit magnitudo bellorum, ut Roma ipsa victrix omnium populorum subacta captivitatis jugo Geticis triumphis accederet et domina cunctarum gentium illis ut famula deserviret. | bei B (zur Aera 447): sicque Urbs cunctarum gentium victrix Gothicis triumphis victa succubuit eisque capta subjugataque servivit. |

---

1) Cf. Arevalus VII, p. 129. — Auch Roderich v. Toledo, der den Vers in seine Darstellung aufgenommen hat (Hisp. ill. II. p. 33), scheint den Verfasser nicht gekannt zu haben, wenigstens führt er den Vers nur mit denselben Worten wie die Recap. ein: »sicut ait poeta de ipsis.«

Den Schluss des Elogium bildet der sehr auffällige Hinweis auf Seekämpfe der Gothen unter König Sisibut, nach deren Bestätigung durch irgend eine andere Quelle dieser Zeit wir vergebens suchen. Selbst von den beiden Texten der Historia hat weder A noch B die leiseste Andeutung von derartigen Unternehmungen, welche doch für die Geltendmachung der gothischen Macht nach aussen hin von der grössten Bedeutung gewesen wären. Wir müssen daher die Nachricht für sehr verdächtig erklären, wenn auch der Verfasser der Rec. selber ohne Zweifel auf Seekämpfe der Gothen hindeutet.[1])

Es bringt uns somit die Recapitulatio einerseits zweifelhafte oder ganz verwerfliche Nachrichten, anderseits wiederholt sie, zum Theil wörtlich, das bereits in der Historia Erzählte oder ergeht sich in hochtrabenden Phrasen über die Körperstärke, den Muth und den Kriegsruhm des Gothenvolks. Da ausserdem nun das Schriftstück einmal in einem grossen Theil der Hss. fehlt,[2]) zum Andern aber in dem Cod. Sangallensis, n. 133[3]) ohne die Historia, ganz selbstständig aufgeführt sich findet, so dürfte der directe Zusammenhang mit der Hist. G. mindestens zweifelhaft erscheinen. — Uebrigens bemerke ich noch, dass die Fassung des Schlusssatzes der Rec., so bedenklich auch der hier gebrachte historische Bericht sein mag, der Annahme, dass die Rec. zu Sisibuts Zeit entstanden ist, günstig zu sein scheint.

Der letzte zu berücksichtigende Punkt, der zugleich nicht zum Wenigsten Anlass zur Verdächtigung des kürzeren Textes gegeben hat, ist der etwas unbestimmte Schluss der H. G. bei A, unbestimmt insofern als der Verfasser uns nicht mittheilt, wann er seine Schrift vollendet habe, während der Text B mit einem bestimmten Jahr, dem fünften des Königs Svinthila die Gothengeschichte schliesst. Die Schlussworte von A lauten in der handschriftlichen Ueberlieferung: »Hi sunt anni Gothorum regum, ab exordio Athanarici usque ad istum

---

1) So fasst auch Lembke a. a. O. p. 90 den Passus auf: »Auch zur See scheint sich zu seiner Zeit die Macht der Gothen versucht zu haben.« Dahn V. p. 179 spricht sich über die Interpretation der Stelle nicht aus.
2) Es fehlt in den Madrider Codd. X. 161. F. 58. F. 93. T. 10. und dem Paris. Ms. des Arsenals Nr. 7.
3) Das Schriftstück des Cod. Sangall. n. 133. Kl. 8., 3 Blätter umfassend p. 591—597 ist betitelt: »Laus Gothorum« und desshalb leicht mit dem »Elogium (Laus) Hispaniae« zu verwechseln. (Als »Laus Gothorum« ohne weitere Angabe ist es Archiv V. p. 635 aufgeführt.) Es enthält aber die Recapitulatio und beginnt: »Incipit cujus supra. Goti de magog Iafet filio orti cum scitis una probantur origine sati etc.«, es schliesst: »et ipsam spaniam vident. Explicit laus Gothorum.« (Mittheilung des Herrn Stiftsbibliothekars Rohrer zu S. G.)

Sisebutum; anni ccti L. unus Era DCLXVI.« Es wird also in der Hist. Gothorum — wie in den beiden andern Historien — zum Schluss eine Consummation der vom Beginn des gothischen Reichs bis zur Zeit Sisibuts verflossenen Jahre gegeben, und zwar mit der bei Is. beliebten Formel »fiunt igitur etc.«[1]) Gemäss der oben schon gerügten überaus ungenauen Ueberlieferung der Zahlzeichen stimmen die Zeitangaben natürlich auch hier wieder in keiner Weise. Das »exordium Athanarici« fällt ins Jahr der Aera CCCVIII. (= 270 p. Chr.) Es wären darnach bis zum Tode des Sisibut (621) nicht 251 sondern 341 Jahre verflossen. Dazu ergiebt die Aera DCLXVI das Jahr 628, während man den Tod des Sisibut ganz genau für das Jahr 621 bestimmen kann. Doch ist an der ersten Angabe des Schlusssatzes »CCti L. unus« festzuhalten, weil wir es bei ihr nicht allein mit Ziffern zu thun haben. Da nun anderseits bei der Zeitangabe zum Beginn der Herrschaft des Athanarich ohne allen Zweifel ein Hundertzeichen ausgefallen ist — das zeigt die parallele Bestimmung anno Valentis V. — so ergiebt sich bei der Addition der Zahlen 370 + 251 in der That das richtige Jahr: 621. Die Aerenangabe DCLXVI (= 628) braucht uns nun nicht weiter zu beunruhigen; sie kann auf die mannigfachste Weise corrumpirt sein. Die Correctur von Aguirre (DCLXVI in DCLVI = 618 p. Chr.) ist deshalb nicht zulässig, weil A ausdrücklich von dem Tode Sisibuts berichtet. Bis zum Jahre 621 hat der Verfasser seine Geschichte geführt, und wahrscheinlich noch im Todesjahr des Königs hat er sie vollendet. Daher erklärt sich wohl die in der Trauer über den Verlust seines Gönners rücksichtslos niedergeschriebene Notiz: »Hunc alii morbo, alii veneno asserunt interfectum.« Dass Isidor grade zu diesem König, dem Förderer aller wissenschaftlichen Bestrebungen, dem warmen Freunde des Clerus in näheren Beziehungen stand, bezeugt die Dedicationsepistel an Sisib. vor der Schrift: »de natura rerum.« Unter dieses Königs Regierung, im vierten Jahre seiner glorreichen Herrschaft ist auch die grössere Weltchronik Isidors abgefasst. Mit seinem Tode auch schloss er die Historia, indem er in den letzten Zeilen seiner Gothengeschichte dem verstorbenen Herrscher ein unvergängliches Denkmal setzte: »adeo clemens post victoriam, ut paene omnes ab exercitu suo hostili praeda in servitutem redactos pretio dato absolveret ejusque thesaurus redemptio captivorum existeret.« Dies scheint mir die einfachste und natürlichste Auffassung. Gewiss ist es auffällig, dass Is. sich in so unvorsichtiger Weise über die Todesart

---

1) Dieselbe Formel findet sich am Schluss der Hist. Vandal., sowie am Schluss des grösseren Weltchronicons.

Sisibuts auslässt, aber unerklärlich ist es nicht, und die gemilderte Fassung desselben Berichts bei B[1]) kann ebensowohl auf ein späteres Entstehen des längeren Textes hinweisen als die rücksichtslose Sprache bei A auf eine spätere Abfassung des kürzeren Textes schliessen lassen dürfte.[2]) Dass aber selbst die Tugenden Sisibuts bei B ausführlicher behandelt werden als bei A stimmt sehr wohl zu dem ganzen Bemühen des längeren Textes den trockenen historischen Bericht möglichst auszuschmücken.

Auf die unhaltbaren Consequenzen, welche sich anderseits aus der Annahme der Ursprünglichkeit von B ergeben, brauchen wir wohl nicht näher einzugehen. Es genüge der Hinweis, dass man dann die Abfassungszeit des kürzeren Textes über das Jahr 633 hinausschieben müsste, das Jahr der grossen Synode von Toledo, wo in feierlicher Sitzung die Rechtmässigkeit Sisinanths als Königs der Gothen von der Kirche anerkannt ward. Und doch hätte der Verfasser von A dann mit keinem Worte des regierenden Herrschers gedacht? — Man wäre gezwungen dem vermeintlichen Epitomator alle Originalität abzusprechen, da er nicht einmal selbständig die Lücke von dem Tode Sisibuts bis zur Regierung Sisinanths ergänzen konnte. Dass aber der Verfasser von A genugsam Originalität besass, hat das oben Angeführte unzweideutig ergeben.

Und wie höchst wunderbar wäre es, dass grade diese zweite Redaction der Historientexte so wenig Verbreitung gefunden hätte, dass wir sie heute nur noch aus zwei Handschriften kennen. Wie merkwürdig müsste es erscheinen, dass die späteren spanischen Historiker vom Verfasser der »Chronologia et series Gothicorum regum«[3]) an bis auf Lucas Tudensis und weiterhin grade den älteren Text in ihre Darstellungen aufgenommen hätten? Wie natürlich ist es dagegen, dass die erweiterte Historia bei den jüngeren Chronisten überall Aufnahme gefunden hat, während neben ihr die erste Fassung fast in Vergessenheit gesunken ist!

War aber Isidor v. Sevilla der Autor beider Redactionen? Wir haben durchaus keine Veranlassung den längeren Text etwa einem seiner Zeitgenossen zuzuschreiben. Aus einer Vergleichung des Stils, aus dem ganzen Tenor der beiden Texte geht hervor, dass nur eine und dieselbe Persönlichkeit sie verfasst haben kann. Die Art der Modificationen, der Erweiterungen und Kürzungen des Textes in der

---

1) Uebrigens sei hier bemerkt, dass auch die Madrider Ausgabe »veneno« hat.
2) Arev. I. p. 702 u. 703 legt auf diesen Satz bei seiner Argumentation ein ganz besondres Gewicht.
3) Vgl. dazu unten.

zweiten Redaction entspricht aber sehr wohl Is's Weise zu arbeiten. Die theologischen Erörterungen, die Zusätze religiösen Inhalts, die entschieden vorherrschen, sind ganz in seinem Sinne geschrieben. Dass er und kein Anderer der Autor auch der zweiten Redaction gewesen ist, bezeugen uns sämmtliche Handschriften.

Fünf Jahre nach der ersten Abfassung der »Geschichten« hat Is. mit nochmaliger Benutzung der Quellen eine zweite zum Theil zusammenziehende, zum Theil erweiternde, den veränderten Zeitverhältnissen entsprechende Redaction vorgenommen, in der der Natur der Sache nach neue historische Berichte namentlich gegen das Ende hin, wo Is. zeitgenössischer Berichterstatter ist, hinzugefügt wurden, während in den früheren Partien subjective Bemerkungen oder sagenhafte und wunderbare Nachrichten eine Hauptrolle spielen.

Wir haben uns somit bemüht mit den uns zu Gebote stehenden Mitteln ein möglichst klares Bild von dem Verhältniss der beiden Fassungen zu einander zu geben. Gern gestehen wir ein, dass noch nicht Alles hinreichend aufgeklärt ist, dass wegen der uns vorliegenden mangelhaften Texte hier und da noch manche dunkle Punkte übrig bleiben.[1]) Aber wir glauben der bisher herrschend gewesenen irrigen Vorstellung von dem Verhältniss zwischen A und B nicht ohne Erfolg entgegen getreten zu sein und dem bis jetzt einseitig verurtheilten kürzeren Texte zu der ihm gebührenden Stellung verholfen zu haben.[2]) Auf ihn muss bei einer neuen kritischen Ausgabe der isidorischen Historien, die hoffentlich nicht mehr allzulange auf sich warten lassen wird, vor Allem Rücksicht genommen werden.

Die Chronologie.

Wie Isidor in seinen Chroniken durch die Eintheilung der Weltgeschichte in sechs Zeitalter ein Vorbild für die meisten späteren Chronisten geworden ist, so hat auch die von ihm in den Historien zuerst durchgeführte Rechnung

---

1) S. weiter unten.
2) Zu einem ganz analogen Resultat hat mich eine sorgfältige Untersuchung der verschiedenen Texte von Is's sogenannter grösserer Weltchronik geführt. Auch hier sind in den vielfach von einander abweichenden Hss. zwei Gruppen schärfer zu unterscheiden, von denen die eine einen ausführlicheren, die andere einen knapperen Bericht bringt; und auch hier hat Is. offenbar zuerst die kürzere Fassung geschrieben, erst später eine erweiternde Redaction vorgenommen. Die Ergebnisse meiner Untersuchung gedenke ich demnächst zu veröffentlichen.

nach Jahren der sogen. »spanischen Aera«[1]) bei den folgenden spanischen Historikern Nachahmung gefunden. Von früheren Chronisten bestimmt nur Idacius die Zeit zweier Facten nach der Aera Hispanica, nämlich des Einbruchs der Alanen, Vandalen und Sueven in Spanien, über den es heisst:[2]) »Alani et Vandali et Suevi Hispanias ingressi. Aera CCCCXLVII« und eines Wunderzeichens, das in Gallicien am Himmel gesehen wird:[3]) »Aera DVI Nonas Martias pullorum cantu, ab occasu Solis Luna in sanguinem plena convertitur.« Dies sind die einzigen uns bekannten Aerenangaben bei einem vor- isidorischen Schriftsteller. Selbst Joh. von Biclaro rechnet nur nach Regierungsjahren der Kaiser und der westgothischen Könige. In der ersten kurzen Fassung hat Is. nur in der Hist. Gothorum zu dem Regierungsantritt eines jeden Königs das betreffende Jahr der Aera hinzugefügt, in den beiden andern Historien fehlt diese Zeitbestimmung. Nur ist in die Hist. Suevorum das eben erwähnte erste Aerenjahr aus Idacius herübergenommen. Die corrumpirte Angabe bei Isidor: »Era CCCCXCVII« corrigiren wir nach der Quelle in »Era CCCCXLVII«. Bei der zweiten Redaction sind dann auch in der Vandalen- und Sueven-Geschichte die Aerenangaben nachgetragen. — Neben dieser chronologischen Berechnung theilen die beiden Texte der H. G. im Beginn eines jeden Abschnittes das betreffende Jahr des regierenden Kaisers mit, doch hören diese Mittheilungen bei der ersten Redaction mit König Leovigild auf. Endlich wird regelmässig die Regierungsdauer der einzelnen Könige aufgeführt, wir vermissen die Angaben nur in wenigen Abschnitten, namentlich des Textes A.[4]) Gelegentlich finden sich in beiden Texten noch andere zeitliche Bestimmungen.

Was nun die Zahlenangaben selber betrifft, so weist die handschriftliche Ueberlieferung des kürzeren Textes viel mehr irrige als richtige Bestimmungen auf, und nicht gar viel besser ist es mit Text B bestellt, da auch hier die verschiedenen Manuscripte und Ausgaben vielfach von einander abweichen. Viele Irrungen werden wir entsprechend der häufigen Vernachlässigung der Zeitfolge durch Is. auf Rechnung unseres Autors setzen müssen. Die Hauptschuld aber an der bei A geradezu heillosen Verwirrung ist den Abschreibern beizumessen und ein grosser Theil der falschen Angaben im

---

1) Ueber den Ursprung und die Bedeutung der spanischen Aera handelt Joh. Heller, v. Sybels histor. Zeitschrift, Jahrgang 1874, Heft I.
2) Roncalli a. a. O. II p. 15/16.
3) Roncalli II p. 45/46.
4) In wie weit Is. in diesen Angaben selbständig und in wie weit von Maximus von Caesaraugusta abhängig ist, lässt sich nicht mehr entscheiden. (Vgl. unten.)

kürzeren Text daher aus Umstellung und Verwechselung, Ausfall oder irriger Hinzufügung von Ziffern zu erklären. Die palaeographisch leicht als Schreibfehler zu erkennenden falschen Angaben des längeren Textes finden sich namentlich in der Madrider Ausgabe (la Real) und sind zum Theil von Florez bereits in besonnener Weise corrigirt. Von derartigen Irrungen hat sich vielleicht noch am Meisten freigehalten der Cod. Claromont., so dass seine Angaben uns bisweilen eine Handhabe zur Correctur der verderbten Daten beider Texte bieten, da wir doch wohl mit Gewissheit annehmen können, dass ursprünglich die beiden Redactionen in den chronologischen Bestimmungen fast überall übereingestimmt haben. Die beste Controle aber wird uns durch Is. selber in den genannten parallelen Zeitbestimmungen zu jedem Abschnitt gegeben.

Darnach corrigiren wir zunächst in der Hist. Goth.: zum Jahr der Verwüstung Griechenlands, Macedoniens u. s. w. durch die Gothen, Aera CCXIIII (p. Chr. 176) in CCXCIIII (p. Chr. 256), wie bei B; als Jahr des Kampfes Constantins d. Gr. gegen die Gothen: Aera CCLXVIIII (231) in CCCLXVIIII (331); zum Regierungsantritt Athanarichs Aera CCCVIII (270) in CCCCVII (369) wie auch bei B, da A hinzufügt »anno Valentis V.«; die Anzahl der Regierungsjahre Theoderichs I. XXIII in XXXIII; die handschriftliche Aera DCCCIIII (766) zum Regierungsantritt Eurichs in DIIII (466); zum Anfang der Herrschaft Theoderichs d. Gr. über die Westgothen Aera DXLV (507) in Aera DXLVIIII (511) wie auch Text B angiebt, da der vorhergehende Abschnitt bei A beginnt: »Aera DXLV...... Geselicus..... regnavit annos quattuor«, ebenso die Nebenangabe hiezu: anno XXVI Anastasii Imperatoris in a. XXI. A. I., wie auch bei B. Ganz sinnlos ist zur Aera DLXIIII (526) die Notiz XIIII anno Justiniani imp. (B hat a. imp. Just. I.). Zur Aera DLX nona (531) findet sich als parallele Bestimmung nur »Justiniani Imp.« Die Ziffer ist ausgefallen und am Rande der Hs. vom Rubricator hinzugefügt »tempore«. Die Angabe bei B a. imp. I. VI. stimmt auch nicht, selbst wenn Is. die Thronbesteigung dieses Kaisers ins Jahr 526 setzt. Zur Regierung des Theudigisel (Theudisclus) corrigiren wir Aera DLXXX in DLXXXVI wie bei B. Ganz corrumpirt ist auch die parallele Bestimmung des kürzeren Textes »anno XII Justiniani Imperatoris«. Statt der folgenden Aerenangabe DLXXXIIII setzen wir DLXXXVII wie auch bei B (falsch wieder die parallele Notiz a. I. XVI); statt Aera DXCIII Ae. DXCII und statt a. XXXVIII Justiniani a. XXVIIII wie auch B; statt Aera DCVIII Ae. DCV. Zum Regierungsantritt Leovigilds corrigiren wir »Aera DCVIII a. secundo Justini minoris« in »Aera DCVI anno tertio I. m.«, da bereits zum vorhergehenden Jahr »anno secundo I. m.« notirt ist. Bei den folgenden Aerenangaben in A ist je ein Jahr zu subtrahiren. Richtig ist wieder die Angabe zur Thronbesteigung Gunthimars Aera DCXL octava, dagegen zu corrigiren die nächste Aera DCLI in DCL, da im kürzern Texte die Regierungsdauer Gunthimars besonders angegeben wird: »princeps efficitur annis duobus.« — In der Historia Vandalorum corrigiren wir die Notizen bei A: »Geisericus moritur regni sui anno sexagesimo« in »G. m. r. s. a. XL« und »Belisarius Africam cepit centesimo XVII ingressionis anno« in »nonagesimo septimo ingressionis anno,« da in beiden Fällen die Angaben bei A wie bei B dem Bericht des Victor v. Tunnuna[1]) entnommen sind. In der That sind auch diese Notizen, wie wir sehen werden, gleich vielen andern der von uns corrigirten Angaben falsch, aber factisch richtige chronologische Bestimmungen durch unsere Emendationen zu erreichen, liegt ja auch durchaus nicht in unserer Absicht. Die Chronologie Is's ist auch abgesehen von den Schreibfehlern der Copisten ausserordentlich mangelhaft. Kaufmann meint,[2]) unser Autor sei zum Theil »einer Zählung gefolgt, die unserer heutigen um zwei Jahre nachgehe« und führt als Beweis die Zeitangabe Is's für den Tod Eurichs und die Erhebung Alarichs II. an: »Is's 483 sei gleich 485 unserer Zählung, wie schon X anno Zenonis beweise, da Zeno 475/76 zu regieren beginne.« Doch können wir uns dieser Ansicht nicht anschliessen, da Is. ausserdem ausdrücklich angiebt[3]), dass Eurich 17 Jahre geherrscht habe. Uebrigens wird auch als 1stes Jahr der Regierung Zenos meist 474 angenommen.[4]) Näher kommt der von Kaufmann nicht beachtete kürzere Text der Wahrheit, welcher 18 Jahre als die Dauer von Eurichs Herrschaft angiebt und seinen Tod demnach 484 (anno XI Zenonis Imp.) setzt.

Als Jahr der Schlacht von Dyrrhachium (Pharsalus) giebt Is. irrig 50 a. Chr. (a. a. aeram XII) an. — Die Verwüstung Griechenlands, Macedoniens u. s. w. setzt Is.[5]) in die Aera CCXCN (256), fügt aber hinzu: »anno imp. Valeriani et Gallieni primo.« Euseb.-Hieronymus, die in diesem Abschnitt neben Orosius Quelle gewesen sind, setzen ebenfalls den Anfang der Regierung der beiden Kaiser (Valerian nimmt seinen Sohn zum Mitregenten an) 256, aber die Verwüstung Griechen-

---
1) Roncalli a. a. O. II p. 343 und 365.
2) Histor. Zeitschrift herausgeg. von v. Sybel XV. Jahrgang. 1873 Heft 3. p. 17. Anm.
3) »Euricus succedit in regnum annis XVII« Text B.
4) S. Gibbon, the history of the decline and fall of the Roman empire, Chapter XXXIX.
5) Vgl. auch dieselbe Notiz im (grösseren) Weltchronicon (Ronc. II p. 445/6).

lands und Macedoniens 265.[1]) Orosius giebt 262 als Jahr der Verwüstung an.[2]) Die verschiedenen Plünderungszüge der Gothen in dieser Zeit lassen sich nicht mehr alle auf einzelne Jahre genau fixiren, jedenfalls aber hören wir Nichts von einem Einbruch derselben in Macedonien und Griechenland in der ersten Zeit des Kaisers Valerian, als dessen Antrittsjahr 253 feststeht. — Auch der chronologische Ansatz zum folgenden Abschnitt, der von Constantins d. Gr. Gothenkrieg berichtet, »anno XXVI. imperii Constantini« beruht auf Eusebius-Hieronymus, welche als Jahr des Regierungsantritts dieses Kaisers 310, als Jahr des Gothenkampfes 336 angeben.[3]) Damit stimmt dann allerdings wieder nicht die Aerenangabe bei Is.: CCCLXIX (331). — Unserm Autor eigenthümlich, aber freilich wieder nicht richtig ist die Zeitbestimmung zum Anfang von Athanarichs Herrschaft: Aera CDVII (369), da uns derselbe bereits mehrere Jahre früher als Richter oder Fürst eines Theils der Westgothen genannt wird. Falsch ist auch der folgende Ansatz 377 zum Kampf des Athanarich und Fridigern, der in dem Beginn der siebziger Jahre statt hat, sowie zu den Anfängen der Bekehrung der Gothen zum Arianismus und der Wirksamkeit des Ulfilas, der bereits spätestens im Jahre 348 durch die Verfolgungen des Athanarich gezwungen mit den christlichen Gothen über die Donau wandert.[4]) Mit Unrecht setzt auch Text B das Auftreten des Radagais (zugleich mit dem Alarichs)[5]) schon ins Jahr 399 (Aera CDXXXVII), während wir von dem deutschen Heerführer erst in dem Augenblick hören, als er gegen Italien aufbricht (a. 405). Umgekehrt berichtet Text A von der Vernichtung des Radagais, der 406 bei Faesulae fällt, fälschlich erst zum Jahre 408. Beide Texte geben dann die Eroberung Roms durch Alarich ein Jahr zu früh an: 409. Desgleichen ein Jahr zu früh wird von B der Tod des Gothenkönigs gesetzt: 410, während A richtig 411 notirt. Dagegen stimmt zu der letzteren Angabe nicht die Parallelangabe bei A: »anno primo Theodosii minoris,« der bereits 408 den Thron besteigt. Bemerkenswerth ist, dass der kürzere Text von nun an nur nach Jahren der oströmischen Imperatoren rechnet, während die zweite Redaction noch bis zum Tode des Hono-

---

1) Roncalli I, ad a.
2) Liber VII, Cap. 23.
3) Roncalli I, ad a.
4) Wie Is's Quellen für diesen Bericht (Hist. Trip. Text A; dies. u. Oros. Text B), so giebt auch unser Autor selber eine unrichtige Darstellung von der Art des Uebertritts eines Theils der Westgothen zum arianischen Christenthum. Vgl. dazu schon Pallmann, Geschichte der Völkerwanderung I p. 72.
5) Vgl. dazu unten p. 47.

rius die Regierungsjahre dieses Kaisers verzeichnet.¹) Die Herrschaft Athaulfs dauert von 411—15, also nicht sechs Jahre wie B oder sieben wie A angiebt. Auch nicht im fünften Jahre seiner Königsherrschaft (quinto regni anno), wie J. notirt, führte Athaulf die gothischen Schaaren von Italien nach Gallien sondern bereits in dem Jahre nach Alarichs Tod (412), wie die Quellen übereinstimmend berichten. 415 wird Sigerich und in demselben Jahre noch, kurze Zeit darauf Wallia König, der wiederum nicht 3 Jahre, wie beide Texte verzeichnen, sondern 4 Jahre (415—19) regiert. Ebenso währt die Herrschaft des Thorismund, den die Gothen auf den Feldern von Mauriacus selber 451 (nicht 452 wie beide Texte) zum König erheben,²) bis 453, also keineswegs nur ein Jahr, wie beide Redactionen notiren. In die Regierung des folgenden Königs, Theoderichs II. fällt die berühmte Vernichtungsschlacht am Urbicus (h. Orvigo) gegen die Sueven, in der der treubrüchige Schwager des Gothenkönigs: Rechiar mit seinem Volke unterliegt. Idacius bestimmt uns genau als Tag des Kampfes den 5. Oct. (nicht 6. wie Lembke angiebt) des Jahres 456.³) Is. aber, der doch im Uebrigen hier ganz dem Bericht des spanischen Chronisten folgt, notirt in der zweiten Redaction irrig zu dem Zuge des Theoderich gegen die Sueven: »anno regni V Th. in Hispaniam ingressus est.« Die Thronbesteigung der Kaiser Marcian und Leo sodann ist zu spät, die der Kaiser Anastasius und Justinian zu früh angesetzt. In der Angabe der Regierungsdauer des Theudis differiren die beiden Texte um ein Jahr, doch ist hier die Notiz bei A: »per annos XVI menses quinque« der bei B »annis XVII mensibus quinque« vorzuziehen, bezw. die letztere durch die erstere zu emendiren; ebenso in dem folgenden Abschnitt zur Regierung des Theudigisel die Angabe bei B »regnans annum I mens. III« durch die von A »regnavit anno uno mensibus VII« zu berichtigen. Falsch, sogar sich selbst widersprechend setzt Is. in der zweiten Redaction den Beginn von Leovas I. Regierung ins Jahr 567 (Aera DCV) während nach ihm Athanagild 554 zu regieren anfängt und 14 Jahre lang die Herrschaft inne hält. Ausserdem

---

1) Der Cod. Claromont. rechnet noch bis 419 nach Jahren des Honorius und Arcadius, welch Letzterer doch bereits 408 stirbt. In der Madrider Edition (la Real) geschieht zu den Aeren CDXLIX. und CDLN. das Gleiche, dagegen wird zur Aera CDLVII. (419) notirt: »a. nono Theodosii minoris« und ebenso zur Aera CDXLIX. »a. sexto Theodosii m.« hinzugefügt. Es sind corrumpirte Angaben, die von den neueren Editoren mit Recht fortgelassen sind.
2) Cf. Jordanis C. XLI. (Cl. p. 146).
3) Roncalli II p. 39/40: »tertio nonas Octobris die.« Vgl. Lembke l. l. p. 35.

aber liegt zwischen des Letzteren Tod und Leovas Erhebung noch ein Interregnum von fünf Monaten.¹) Falsch ist auch die Angabe beider Texte, dass Leova nur drei Jahre geherrscht habe, da doch der zuverlässige und den Ereignissen näher als Is. stehende Johannes v. Biclaro²) ihm über vier Jahre der Herrschaft beilegt. Ueber die Consummation am Schlusse der H. G. im kürzern Texte ist bereits oben gehandelt. In der zweiten Redaction stimmt die Schlussberechnung mit den übrigen chronologischen Angaben. — In der Hist. Vandalorum (Text B) ist die Aerenangabe im ersten Abschnitt nach »interfecti sunt« wohl ohne Zweifel nicht von Is. sondern später eingeschoben. Dieselbe Zeitbestimmung findet sich wenige Worte darauf am Anfang des folgenden Abschnittes, wie wir die Aerenangaben im längern Texte überhaupt nur an der Spitze der einzelnen Abtheilungen antreffen. Es fehlt die Bestimmung ausserdem in dem Cod. Claromontan. Als erster König der Vandalen in Spanien erscheint nach Idacius Guntherich, dem im Texte B 18 Jahre, im Texte A nur 16 Jahre der Regierung in Gallicien zuerkannt werden. Is. selber aber giebt in der Consummation am Schluss der H. V. bei A an, dass Guntherich mit den Vandalen in Spanien eingewandert sei³) (409) und notirt als erstes Regierungsjahr des auf Guntherich folgenden Herrschers: Geiserich, 428. Der Tod Guntherichs ist wahrscheinlich in den Anfang desselben Jahres zu setzen, genau chronologisch bestimmen lässt er sich nicht. Wir werden hier also gegen Dahns Ansicht⁴) die Angabe von B der von A entschieden vorziehen. — Die nun folgenden zeitlichen Bestimmungen sind aus Victor v. Tunnuna entlehnt, und zwar hat die falsche Angabe dieses Chronisten von Geiserichs Regierungszeit gleich 40 Jahren,⁵) die in der That 49 Jahre gewährt, zur Folge gehabt, dass Is's sämmtliche folgende Aerenangaben um 8—9 Jahre hinter unserer Rechnung zurück sind. Hunerichs Regierungsantritt fällt nicht in das Jahr 468 wie Is. angiebt, sondern 477; Gunthamund fängt die Herrschaft 484 an, nicht 476 wie Is. notirt; Thrasamund 496, nicht 488 wie bei Is.; Hilderich 523, nicht 515 wie bei Is.; Gelimer endlich 530, nicht 522 wie bei Is. Ebenso hat unser Autor die falsche Notiz Victors, dass das vandalische Reich im 97. Jahre der Einwanderung der

---

1) »Decessit autem Athanagildus Toleti propria morte vacante regno mens. V.«
2) S. Roncalli II p. 383 u. 385.
3) »Fiunt simul a primo anno Gunderici regis, quo in Hispaniam ingressus est usque« u. s. w.
4) Dahn, Könige der Germanen, Abtheil. I. p. 144.
5) V. v. T. Roncalli II p. 343 »Gensericus.... moritur anno Regni XL.« — Ganz irrig notirt A 60 Jahre als Dauer der Herrschaft G's.

Vandalen in Africa — A giebt nicht weniger irrig centesimo XVII Wandalorum ingressionis a. an — zerstört sei, in seinen Bericht aufgenommen. Factisch liegen zwischen den beiden Ereignissen (a. 429 und 534) 105 Jahre. Auf die falsche Consummation am Schluss der Hist. Vandalorum hat schon Papencordt[1]) hingewiesen, doch hat er nicht beachtet, dass die Schlussberechnung nur vom längern Texte unrichtig gegeben wird, dieselbe dagegen im Texte A nichts zu wünschen übrig lässt. A schliesst nämlich mit den Worten: »Fiunt simul a primo anno Gunderici regis, quo in Hispaniam ingressus est usque ad Gilimeri casum et Wandalorum interitum anni CXX tres et menses septem.« 409 überschreiten die Vandalen die Pyrenäen, und Ende 534 wird von Belisar ihr letzter Widerstand gebrochen. — In der Hist. Suevorum differiren die beiden Texte sehr in der Angabe der Regierungsdauer des Hermerich, dem B 32, A nur 14 Jahre zutheilt. Da aber Is. selber bei B den Anfang der Herrschaft des folgenden Königs: Rechila in das Jahr 441 und die Einwanderung der Sueven in Spanien 409 setzt, so steht die Angabe der 32 Jahre mit den übrigen Daten Is's vollkommen in Einklang. Der Tod Rechiars fällt wahrscheinlich noch ins Jahr 456, nicht 457 wie Is. notirt, und Maldras (—460) wird im 4., nicht im 3. Jahre seiner Regierung ermordet. Die Dauer des Suevenreichs endlich in Spanien giebt Text A auf 126 Jahre, Text B — mit Ausnahme des Cod. Claromont. der 170 rechnet — auf 177 Jahre an. Die letzte Angabe kommt der Wahrheit am nächsten, da in's Jahr 409 die Begründung des Reichs und 585 die Zerstörung desselben durch Leovigild fällt.

Die Quellen.

Wir haben in den vorausgehenden Abschnitten schon vielfach Gelegenheit gehabt, die Quellen, aus denen unser Autor schöpft, zu berühren. Is. erwähnt seine Vorlagen in den Historien nirgend namentlich, er deutet selbst im Gegensatz zu den Weltchroniken, fast mit keinem Worte die Benutzung früherer Autoren an. Für die spanischen Verhältnisse — hauptsächlich in der Hist. Gothorum und Hist. Suevorum — sind ihm Idacius, für die africanischen — hauptsächlich in der Hist. Vandalorum — Victor v. Tunnuna Hauptquelle gewesen. Diesen beiden Autoren folgt Is. fast überall wörtlich ohne jedoch mit ihrer Ausführlichkeit zu be-

---

1) Geschichte d. vandal. Herrschaft in Afrika 1837. p. 394.

richten. Etwas selbständiger tritt er dem Hieronymus und Orosius gegenüber, welch Letzterer namentlich im Beginn der Gothen- und Vandalengeschichte benutzt ist. — In der Hist. Gothorum, besonders in dem Bericht über die Regierung Theoderichs I., vereinzelt auch in der Hist. Vandalorum hat Prospers Chronik als Vorlage gedient. Gegen den Schluss der Gothen- und Suevengeschichte kommt dann namentlich der zeitgenössische Bericht des Johannes v. Biclaro in Betracht, doch tritt hier das wörtliche Ausschreiben sehr in den Hintergrund. Ausserdem sind von Is. an zwei Stellen die Historia tripertita des Cassiodor und Eutrop verwerthet, vielleicht haben ihm auch Annalen von Ravenna vorgelegen. Endlich hat unser Autor die uns heute verlorene Gothengeschichte des Bischofs Maximus v. Zaragoza noch benutzen können. Im Grossen und Ganzen ist zu beobachten, dass der Text A sich weniger ängstlich an die Vorlagen hält als B.

Eutrop. (Eusebius-) Hieronymus.

Der einzige heidnische Geschichtschreiber, der Is. für die Historien vorgelegen hat, ist Eutrop[1]), eine der Hauptquellen des grösseren Weltchronikons, der jedoch in der Hist. Gothorum der Aufgabe derselben gemäss nur wenig zur Geltung hat kommen können. Wir vermögen seine Benutzung in der That mit Sicherheit nur in dem Bericht über den Kampf zwischen Caesar und Pompejus nachzuweisen, bei dem E. wieder das bekannte dictum Caesars wohl ohne Zweifel aus Sueton in seinen Bericht aufgenommen hat.[2]) Unserm Autor aber hat der Letztere hier nicht vorgelegen, wie man um so eher annehmen könnte, da Sueton auch für die Chronik Quelle gewesen ist.

Wahrscheinlich haben die Worte Es.: »deinde in Thessalia apud Palaeofarsalum productis etc.« auch die Verwechselung der Schlacht von Dyrrhachium mit der von Pharsalus bei Is. veranlasst. Spuren der Benutzung Es. finden sich auch wohl in dem folgenden Abschnitt über die Besiegung der Gothen durch Claudius, wenigstens scheinen die isidorischen Worte: »Romani insigni gloria honorantes« in Wiederholung des sonst nirgend sich findenden Ausdrucks des E.: »senatus eum ingenti honore decoravit« entstanden zu sein. Im Uebrigen aber treten hier Eusebius-Hieronymus, in der That nur die

---

1) Eutropi breviarium ab urbe condita ed. Guilelmus Hartel, Berlin 1872.
2) Vgl. C. Suetoni Tranquilli quae supersunt omnia ed. C. L. Roth. Julius 36. p. 16 und Eutropi breviarium ed. Hartel. L. VI Cap. 20 (p. 42).

Zusätze des Letzteren zu der Chronik des Ersteren, als Hauptquelle ein; die sonstige Uebereinstimmung des isidorischen mit dem eutropischen Bericht erklärt sich einfach aus der Benutzung des E. durch Hieronymus. Eine Zusammenstellung der drei Berichte mag das Gesagte bestätigen:

E.[1])	Hieron.[2])	Is.
... hic (sc. Claudius) Gothos Illyricum Macedoniamque vastantes ingenti proelio vicit .... senatus eum ingenti honore decoravit, scilicet ut in curia clipeus ipsi aureus, item in Capitolio statua aurea poneretur.	Graecia, Macedonia, Pontus Asia depopulata per Gothos. .... Claudius Gothos Illyricum et Macedoniam vastantes superat, ob quae in curia clypeus ei aureus et in Capitolio statua aurea conlocata est.	Gothi..... Graeciam Macedoniam, Pontum et Asiam atque Illyricum vastaverunt...... Deinde a Claudio Imperatore superati sedes proprias repetunt. Romani autem Claudium Aug....insigni gloria honorantes in foro illi aureum clypeum, in Capitolio autem (fehlt bei A) auream ei statuam collocaverunt.

Daneben hat hier bereits Orosius vorgelegen, der seinerseits wohl aus Eutrop und Hieron. geschöpft hat.[3]) Nach vastaverunt folgt bei Is. die Zeitbestimmung »ex quibus Illyricum et Macedoniam XV. ferme annis tenuerunt», dem Bericht des Orosius entnommen, bei dem es heisst[4]): »Claudius Gothos jam per annos quindecim Illyricum Macedoniamque vastantes, adortus«. Wir haben also in diesem Abschnitt bei Is. eine nicht ungeschickte Combination der Nachrichten aus drei Quellen vor uns, ausserdem hat unser Autor selber in dem Anfang seiner Erzählung Eigenes hinzugesetzt, indem er beginnt: »Gothi descensis Alpibus (B. montibus Alp.) quibus inhabitabant etc.« Freilich was Is. unter Alpibus verstanden wissen will, ist nicht recht ersichtlich. Wahrscheinlich hat er sich im Norden der untern Donau und des schwarzen Meeres ein System hoher Bergzüge gedacht, von denen die Gothen zur Plünderung der reichen byzantinischen Städte hinabgestiegen seien. Keinenfalls sind »die Alpen« hier als nomen proprium aufzufassen. — In dem Referat über die

---
1) IX., 11. (H. p. 62.)
2) Ronc. I. p. 479/80 u. 481/82.
3) Vgl. Theod. de Mörner (de Orosii vita ejusque Historiarum libris. 1844) p. 65.
4) O. ed. Sigebert Havercamp. L. VII. Cap. 23 (p. 285).

Kämpfe Constantins mit den Gothen ist H. wohl nicht direct benutzt, dagegen finden wir ihn wieder als Quelle neben Orosius zur Aera CCCCVIII. (A CDVII), sowie in dem Bericht über die Schlacht bei Adrianopel.

Orosius. Die Historia tripertita.

Orosius begegnet uns zuerst, wie erwähnt, zur Regierung des Valerian und Gallien, wir finden ihn dann in freier Weise zur Regierung des Constantin benutzt, über dessen Kriege mit den Gothen Is. berichtet: »Gothi Sarmatarum regionem aggressi copiosissimis super Romanos irruerunt agminibus.... Adversus quos idem Constantinus aciem instruxit ingentique certamine vix superatos ultra Danubium expulit« während es bei O. heisst: »Mox (Constantinus) Gothorum fortissimas et copiosissimas gentes in ipso barbarici soli sinu hoc est in Sarmatarum regione delevit«. Am Ausführlichsten berichtet von den früheren lateinischen Autoren über diese Kämpfe der sogen. Anonymus Valesianus, der auch den ganzen Passus des O. wörtlich in seine Darstellung aufgenommen hat.[1]) Aber sowohl bei ihm, den Is. nicht gekannt hat, wie auch bei den anderen die Kämpfe kürzer berührenden Schriftstellern suchen wir vergeblich nach einer Bestätigung der Nachricht Is's, dass der Senat und das römische Volk in Folge des Sieges dem Kaiser eine besondere Belobung habe zu Theil werden lassen. Die hierauf bezüglichen Worte[2]) können nur als weitere isidorische Ausschmückung des von O. entlehnten historischen Factums gelten. Die Bedeutung, welche die Römer dem Siege über ein »so gewaltiges Volk« beilegten, wurde dadurch um so mehr hervorgehoben und die Absicht Is's die Gothen zu verherrlichen nicht wenig gefördert. In dem Bericht über die von Athanarich ins Werk gesetzte Christenverfolgung sind O. und Hieron. neben einander verwerthet; doch überwiegt die Benutzung des Ersteren. Im Ganzen erinnern auch in diesem Abschnitt nur einzelne Wendungen an die Originalberichte. Is. hat die ihm vorliegenden Notizen der Quellen in gefälligere Formen zu kleiden gewusst. — In das an sich schon nicht ganz klare Verhältniss, in dem Athanarich zu den übrigen Gothenfürsten und den Römern steht, nur noch mehr Verwirrung zu bringen, ist der Bericht des

---

1) ed. Wagner hinter seiner Ausgabe des Ammian. Marcellin. Leipzig 1808 p. 615.
2) »Quem Romani acclamante senatu publica laude prosecuti sunt, quod tantam gentem vicerit, quod patriam rempublicam reformaverit«.

Is. in der H. G. ganz geeignet. Beide Historientexte erzählen nämlich, dass Athanarich mit kaiserlicher Hülfe den Fridigern besiegt habe (A. Fridigernum Athanaricus Valentis auxilio superans. B. Athanaricus Fridigernum Valentis suffragio superat.), eine Darstellung, die allen übrigen Berichten widerspricht, nach denen umgekehrt Fridigern, der Schwächere mit Hülfe des Valens den Athanarich zurückschlägt und in Folge dessen mit seinem Volke zum arianischen Christenthum übertritt. So stellen den Sachverhalt auch die sämmtlichen Handschriften des grösseren Weltchronicons dar, indem sie berichten[1]): »Gothi apud Istrum bifarie in duobus Fridigerno et Athalarico divisi sunt Regibus. Sed Fridigernus Athalaricum Valentis Arriani Imperatoris auxilio superans . . . . in hujus beneficii gratiam ex Catholico Arrianus cum omni gente Gothorum effectus errorem secutus est ipsius«. Beiden isidorischen Darstellungen aber, in der H. G. sowohl als in der Chronik liegt an dieser Stelle die grosse auf Cassiodors Veranlassung von dem Scholasticus Epiphanius verfasste lateinische Compilation aus den Kirchengeschichten des Sozomenos, Socrates und Theodoret zu Grunde; aus ihr sind die Nachrichten von Athanarichs und Fridigerns Streit sowie von Ulfilas (bei Is. Gulfilas, Galfilas) Uebertragung der h. Schrift ins Gothische entlehnt[2]); und zwar tritt in der H. G. die Benutzung besonders bei der ersten Redaction hervor. Da nun auch die Quelle nur von einer Besiegung des Athalarich weiss, so dürfte die Annahme eines Schreibfehlers in der H. G. nicht unberechtigt erscheinen, die uns die Correctur der Lesart Is's in: »Athanaricum Fridigernus, Fridigernus Athanaricum« erlaubte. Freilich finden sich bei der späteren Beschreibung des Ueberganges der vor den Hunen flüchtenden Gothen über die Donau in der zweiten Redaction die Worte eingeschaltet: (Gothi expulsi sunt) cum rege suo Athanarico (transitoque Danubio etc.); in der Schilderung der Schlacht bei Adrianopel erscheint dann aber Athanarich auch in dem längern Texte nicht weiter.

Während wir jedoch für die erwähnten Ereignisse, für die Verhandlungen zwischen den gothischen Führern und den Römern, für den Verlauf der Schlacht bei Adrianopel stets Ammianus Marcellinus als den zuverlässigsten Berichterstatter betrachten werden, scheint Is. diese Quelle nicht gekannt zu

---

1) Roncalli II. p. 451.
2) Darüber aber, dass unser Autor hier nicht auf den griechischen Originaltext des Socrates (ed. Valesius L. IV. C. 23) zurückgegangen ist, sondern sich mit der lateinischen Ueberarbeitung begnügt hat, kann eine Collation des griechischen und lateinischen Textes keinen Zweifel lassen. Vgl. die H. T. ed. Garetius, L. VIII. Cap. 13. — Eine weit stärkere Benutzung der Compilation tritt in der isidorischen Chronik hervor.

haben; seine Gewährsmänner bleiben auch hier Orosius und Hieronymus, welch Letzterer grossentheils wieder als Quelle des Ersteren gedient hat. Ebenso finden wir bei Is. nichts von Jordanis lebhafter Schilderung der Aufnahme des Athanarich in Constantinopel durch Theodosius [1]), vielmehr wiederholt unser Autor nur die dürren Worte des Idacius, mit denen dieser den Tod des Gothenfürsten verzeichnet [2]). Der Zusatz Is's: »cum Theodosio jus amicitiamque disponens« ist wohl nur eine Umschreibung der Notiz des Orosius [3]): »Theodosius foedus cum Ath. percussit«, da auch die unmittelbar sich anschliessende Nachricht über das Verhältniss der Gothen zum Kaiser nach Athanarichs Tod wörtlich nach O. wiedergegeben wird. — Die folgende Darstellung der Kämpfe des Radagais und Alarich gegen Rom bekundet nur zu deutlich, dass Is. sich hier allein auf die höchst mageren und den Sachverhalt zum Theil nicht richtig wiedergebenden Nachrichten des O. gestützt hat. Nach ihnen [4]) erscheint auch bei I (in A und B) neben Alarich Radagais als »Rex Gothorum«, gleichsam als Mitregent des Ersteren (consors regni). Gleichzeitig und im Einvernehmen mit einander ziehen »die beiden Könige« zur Verwüstung der römischen Provinzen aus. Der Plünderung derselben geht bei B eine förmliche Theilung voraus. Hier ist auch an Stelle der »Romania« der ersten Redaction Italia als Object der Plünderung getreten: »parique intentione ad praedandas quascumque regiones Italiae ab invicem dividuntur«. In den längeren Text ist sogar noch eine Notiz über vorhergehende Kämpfe zwischen den angeblichen Rivalen gegen einander eingeschoben, von denen die Geschichte nichts weiss. Wahrscheinlich hat Is. den allgemeinen Satz des O. [5]) »Taceo de ipsorum inter se barbarorum crebris dilacerationibus, cum se invicem Gothorum cunei duo ..... variis caedibus populabantur«, der vielleicht auf den Krieg zwischen Athanarich und Fridigern anspielt, irriger Weise auf Zerwürfnisse zwischen Alarich und Radagais bezogen. In dem Bericht sodann über die Vernichtung des Letzteren und seiner Schaaren durch Stilicho in den etrurischen Gebirgen hat dem kürzeren Texte nur O. vorgelegen, während bei B die Worte »Stilicone duce« und »Thusciae« auch auf eine Benutzung Prospers [6]) hinweisen. O. giebt als Ort des

---

[1] Cap. 28. (Closs. p. 106 f.)
[2] Roncalli II. p. 10.
[3] L. VII. C. 34.
[4] Orosius VII. 37: »duo tunc Gothorum populi cum duobus potentissimis regibus suis per Romanas provincias baccharentur«.
[5] VII, 37. Ueber die verschiedenen Interpretationen dieser Stelle s. Rosenstein »Alarich u. Stilicho«, Forschungen III. p. 200.
[6] Roncalli I p. 645/46.

Kampfes die »montes Faesulani« an, Text A begnügt sich mit der Constatirung des römischen Sieges. Auch in der Schilderung der berühmten Eroberung der ewigen Stadt durch Alarich ist für A nur O. Quelle gewesen, während B daneben Idacius' kurzen Bericht berücksichtigt hat. Da nun O. diese für die damalige Welt so bedeutungsvolle Katastrophe ausführlicher erzählt, so finden wir hier auch die Notizen Is's nicht so knapp, wie wir es sonst gewohnt sind. Entsprechend aber der ganzen Darstellung des Verhältnisses zwischen Alarich und Radagais schildert Is. selbständig den Kampf des Gothenkönigs gegen Rom als einen Kampf der Rache, die Alarich für das von den Römern vergossene deutsche Blut, für den Tod des Genossen der Königsherrschaft nimmt[1]). Am Schluss der Schilderung verherrlicht Text A mit den bereits erwähnten schönen Worten das milde Regiment der Gothen, doch haben wir auch in diesem Schlusssatze, worauf man bisher nicht genügend geachtet, nur eine Verallgemeinerung ähnlicher Worte des O. vor uns, welcher von den »Barbaren« sagt[2]): »Quamquam et post hoc quoque continuo barbari . . . . . . ad aratra conversi sunt residuosque Romanos ut socios modo et amicos fovent ut inveniantur jam inter eos quidam Romani, qui malint inter barbaros pauperem libertatem quam inter Romanos tributariam sollicitudinem sustinere«. Wesshalb Is. bei der zweiten Redaction diese Worte fortgelassen hat, ist nicht ersichtlich. Auch die nur bei B sich findende Beschreibung des verunglückten Versuchs der Gothen über die Meerenge von Messina nach Sicilien überzusetzen, beruht auf der kurzen Notiz des O. bei Gelegenheit des Berichts über den Schiffbruch einer gothischen Heeresabtheilung in der Strasse von Gibraltar, wo es heisst[3]): »Vallia memor illius acceptae sub Alarico cladis, cum in Siciliam Gothi transire conati, in conspectu suorum miserabiliter arrepti et demersi sunt«[4]). Dass der Gothenkönig in der That auf der Ueberfahrt nach Sicilien förmlich Schiffbruch erlitten hat, wird uns durch Jordanis[5]) bestätigt. Auch von Wallia hören wir, dass er einen Zug an die gaditanische Meerenge unternommen hat ohne jedoch dieselbe zu überschreiten, aber O., unser

---

1) A.: »Alaricus . . . . pro consorte regni amisso, in vindictam sanguinis suorum, profectus in Italiam urbem irruit«. B: »Al. dolens tantam multitudinem Gothorum a Romanis extinctam in vindictam sanguinis suorum Romam proelium gessit«.
2) L. VII. C. 41. (H. p. 322.)
3) L. VII C. 41.
4) Eben diese Bemerkung »memor etiam etc.« kehrt bei B wieder zur Aera 454, wo Wallias Unternehmen gegen Africa notirt wird.
5) De rebus Geticis cap. 30. (Closs p. 114.)

Gewährsmann setzt diese Expedition vor den Friedensschluss mit Honorius und die Auslieferung der Placidia, während Is. sie irriger Weise erst nach der Besiegung der silingischen Wandalen und Alanen durch Wallia aufführt, die doch erst in Folge des foedus mit dem Kaiser statt hat. Auch vermengt unser Autor den Zug Wallias mit dem vorhin erwähnten früheren Versuche eines andern gothischen Heeres Africa zu erreichen, welcher nach der Quelle »anno abhinc superiore« stattgefunden hat[1]).
Endlich ist die ganze Einleitung der Historia Vandalorum im längern Texte (zur Aera CDXLIV) aus O. entnommen[2]). Die Nachrichten sind bei der zweiten Redaction hinzugefügt, aber in diesem, wie in dem folgenden Abschnitt (aus Idacius) ziemlich unglücklich gewählt, da sie mit der Wandalengeschichte speciell sehr wenig zu thun haben. Der einzige selbständige Zusatz Is's an diesem Orte ist, da er nicht das Wesen der Sache trifft, nur dazu angethan, die damalige Lage der Dinge zu verwirren. Nicht »ob suspicionem tyrannidis insontes et nulla culpa obnoxii« wurden die beiden Brüder Didymus und Verinianus von dem Usurpator Constantin beseitigt sondern einfach desshalb, weil sie zu ihrem rechtmässigen Herrscher Honorius standen und mit Constantin keine gemeinsame Sache machen wollten[3]).

Prosper.

Die Chronik des Aquitanen Prosper[4]) hat namentlich dem längeren Texte als Quelle gedient. Ausser den bereits erwähnten Spuren derselben in den Historien treffen wir auf ihre Benutzung in der Hist. Goth. zunächst bei der Angabe der Bedingungen des Friedens zwischen Honorius und Wallia, nach denen der Letztere erhalten soll: »Secunda Aquitania cum quibusdam civitatibus confinium provinciarum«. Is. setzt ausserdem aus Idacius hinzu[5]): »usque ad Oceanum«. Von B allein ist Prosper verwerthet in der Schilderung der nach dem Tode des Attila unter den Söhnen desselben entstandenen Streitigkeiten. Die partielle Uebereinstimmung der

---

1) Diese beiden von O. bestimmt unterschiedenen Züge sind auch von Lembke, Geschichte von Spanien I p. 21 nicht auseinander gehalten.
2) L. VII. C. 40. — Nur die Wendung »trajecto Rheno« ist wohl Prospers Bericht (Ronc. I. p. 645/46) entlehnt.
3) Vgl. besonders Lembke, a. a. O. p. 15.
4) Roncalli, a. a. O. I. p. 521 ff.
5) Ronc. II. p. 19/20.

isidorischen Worte mit dem Bericht des Jordanis über die Zerwürfnisse weist, wie eine Collation der betreffenden Stellen ergiebt, wohl nur auf eine Benutzung des Pr. durch Jordanis hin:

Pr.[1])	Is.	Jord.[2])
Attila in sedibus suis mortuo, magna primum inter filios ipsius certamina de obtinendo regno exorta sunt.	Post ejus (sc. Attilae) obitum Ugnorum gens proprio se . . . excidio devastavit, statimque inter filios ejus de obtinendo regno magna sunt exorta certamina.	Talibus peractis..... inter successores Attilae de regno orta contentio est.

Sybel ist bei seiner Untersuchung der Quellen des Jordanis[3]) diese Uebereinstimmung der Notiz des Letzteren mit der Nachricht Prospers entgangen. Wohl könnte man auch geneigt sein, die isidorische Aufzeichnung aus Eugipps Vita Severini, die Is. nicht unbekannt war, herzuleiten, da auch sie den Bericht des aquitanischen Chronisten wörtlich in ihre Darstellung aufgenommen hat[4]), doch wahrscheinlich lag unserm Autor die Lebensbeschreibung Severins hier nicht vor. Grade für den Bericht über die Regierung Theoderichs I, dem von Is. mit Recht die Schilderung der Hunenkämpfe eingereiht ist, bildet Pr. neben Idacius die vorzüglichste Quelle Is's. Nach Pr.[5]) erwähnt Is. auch die unglückliche Belagerung von Arles durch Theoderich und die Entsetzung der Stadt durch Aëtius. Aschbach[6]), Lembke[7]) und Dahn[8]) nehmen hier ohne Grund eine zweimalige Belagerung der Stadt an. Pr. berichtet ohne Zweifel von einer förmlichen Bestürmung Arles' durch die Gothen und setzt sie unter das Consulat des Theodosius (XI) und Valentinian (I), also in die Jahre

---

1) Ronc. I p. 673/74.
2) D. r. G. (Cl. p. 173) C. 50.
3) De Fontibus libri Jordan. de origine actuque Getarum. Diss. Berol. 1838.
4) Cap. I (Acta S. S. Bolland. Jan. VIII p. 486): »Tempore, quo Attila Rex Hunnorum defunctus est, atque Pannonia ceteraque confinia Danubii rebus turbabantur ambiguis, ac primum inter filios ejus de obtinendo regno magna sunt exorta certamina«.
5) Roncalli I p. 653/54.
6) Geschichte der Westgothen p. 116. Aschb. citirt zu der angeblichen zweiten Belagerung Prosper, der Nichts von derselben weis.
7) l. l. p. 25. Auch Lembke führt für das Jahr 430 fälschlich Prosper an.
8) K. d. G. V p. 74. D. citirt p. 73. A. 8 zu der (ersten) Belagerung irriger Weise Idacius.

425/26. Dagegen lautet die Angabe des Idacius[1]) nur: »Per Aëtium Comitem non procul de Arelate quaedam Gothorum manus extinguitur, Anaolfo optimate eorum capto«. Die Begebenheit wird von Id. nach der Ueberfahrt der Vandalen nach Africa angesetzt, so dass der Kampf Ende 429 oder 430 stattgefunden haben muss [2]). Der Ausdruck »manus Gothorum« weist auf keine eben bedeutende Schlacht hin, und Is. hat wohl desshalb diese Nachricht nicht mit in seinen Bericht aufgenommen. Auch die Nachricht über die Belagerung Narbonnes durch Theoderich ist mit Pr's Worten wiedergegeben.

Die Angaben des Letzteren und des Idacius über diese Belagerung stimmen aber nicht überein, da bei dem aquitanischen Chronisten[3]) nur Litorius als Retter Narbonnes erscheint, der die Stadt zugleich von der Hungersnoth und den Feinden, die sie bedrängen, befreit, während von Idacius[4]) Aëtius allein als Befreier genannt wird: »Narbona obsidione liberatur Aëtio Duce et Magistro militum«. Am Richtigsten nimmt man wohl mit Dahn ein Zusammenwirken der beiden römischen Feldherrn an. Is., der sich an dieser Stelle um die von Idacius gebrachten Notizen gar nicht kümmert, weiss nicht nur Nichts von Aëtius' Antheil an der Befreiung Narbonnes, sondern berichtet hier bei B im Anschluss an Pr's frühere Angabe[5]) zum Consulat des Aëtius und Valerius: »Aëtius vero cum deposita potestate in agro suo degeret etc.« von der angeblich »auf Valentinians Veranlassung geschehenen Entfernung des Feldherrn vom militairischen Commando«[7]). Text A meldet hier sogar bereits den Tod des Aëtius, der doch erst siebzehn Jahre später durch Mörderhand umkommt. Der kürzere Text scheint an dieser Stelle besonders verderbt zu sein: Statt »infestus Narbonae« finden wir bei ihm »N. insertus«; statt »Theudericus« »Theudo«. Irriger Weise zieht auch Is. die Hülfe hunischer Schaaren, die für Rom gegen die Gothen streiten, mit in die Erzählung von dem Kampf um Narbonne hinein, wozu die Angaben der Quellen nicht berechtigen. In der Hist. Vandal. ist von den aus Pr. herübergenommenen Berichten, die in der Quellenanalyse im Anhang angegeben sind, hier nur die dritte Nachricht hervorzuheben, welche die Ausrüstung einer

---

1) Roncalli II p. 23/24.
2) Dahn und Aschbach setzen den zweiten Kampf 429, Lembke 430.
3) Roncalli I p. 659/60.
4) Roncalli II p. 25/26.
5) A. a. O. V p. 74.
6) Roncalli I. p. 657/58.
7) »Remoto igitur Valentiniani imperatoris jussu a potestate militari Aëtio . . . . . Theuderedus a Litorio effugatur«.

römischen Expedition gegen Geiserich auf Befehl des Theodosius betrifft, die ihren Zweck jedoch nicht erreicht. Der Bericht Is's ist nur ein Excerpt aus den von Pr. über den Zug gemachten Mittheilungen [1]. Als Hauptgrund aber für das Scheitern der Unternehmung giebt die Quelle die zaudernde Kriegführung der römischen Feldherren an, die »Sicilien mehr zur Last als Africa zum Schutz dienten«. In Is's Bericht erscheint dagegen der Einfall der Hunen in Thracien und Illyrien, der schliesslich die Abberufung des römischen Heeres zur Folge hat, allein als Ursache des Fehlschlagens der Expedition. Merkwürdig entstellt ist in dieser Nachricht der kürzere Text, bei dem wir statt des »exercitus ad Wandalos missus« ein »exercitus Wandalorum« finden.

Idacius [2].

Für die spanischen Begebenheiten des fünften Jahrhunderts ist dieser Chronist unsere vortrefflichste Quelle; zum Theil schrieb er nach mündlicher Ueberlieferung, zum Theil auch war er selber Augenzeuge, so dass seine knappen Berichte für uns von unschätzbarem Werthe sind.

Nur wenige Notizen hat Id. früheren schriftlichen Aufzeichnungen entnommen. Naturgemäss musste sein Werk eine Hauptquelle für Is's Gothen- und Sueven-Geschichte werden, und in der That hat unser Autor es auch nach Kräften benutzt. Entlehnungen aus der idazischen Chronik treffen wir auch in der Hist. Vandalorum, wenn dieselbe auch hier bald durch Victor v. Tunnuna verdrängt wird.

Die erste in gleicher Weise von den beiden Texten benutzte Nachricht des Id. ist die oben schon berührte von der Aufnahme Athanarichs in Constantinopel durch Theodosius. Die idazische Notiz beruht ihrerseits wieder auf Prospers Aufzeichnung [3].

Is's Bericht über Athaulf besteht nur in einem dürftigen Auszuge aus Idaz' Aufzeichnungen über diesen König. Die Nachrichten von Athaulfs Thaten bei Orosius dagegen, dem sogar ein genauer Freund des Gothenkönigs von diesem erzählt hatte [4] sind — bis auf einen geringfügigen Zusatz bei A — von Is. ganz unberücksichtigt gelassen.

Die Notiz des Id. aber, dass Athaulf von dem römischen

---

1) Roncalli I. p. 665/66.
2) Roncalli II. p. 5/6 ff.
3) Vgl. Roncalli I p. 637/38 u. II p. 9/10.
4) Vgl. O. L. VII. C. 43.

Patricius Constantius mit Waffengewalt gezwungen sei sich über die Pyrenäen nach Spanien zurückzuziehen, wird von unserm Autor (in A) parteiisch dahin modificirt, dass Athaulf auf die Ermahnung des Constantius Gallien verlässt. Von der Regierung des Thorismund an wird Id. die ausschliessliche Grundlage für Is's Darstellung und bleibt es bis zur Regierung des Eurich. Die mageren idazischen Notizen über Thorismund sind von Is. weiter ausgeführt: »dum in ipsis regni sui exordiis feralis ac noxius hostilia inspiraret et multa ageret insolentius etc.«[1]), freilich stehen die Worte in directem Gegensatz zu dem, was Jordanis uns über die Regierungszeit Th's berichtet[2]). Auch den Antheil der Gothen an der Erhebung des Avitus auf den Kaiserthron hebt Is. mehr als seine Quelle hervor, die nur von der ersten Proclamirung desselben in Tolosa, der damaligen westgothischen Königstadt Nachricht giebt[3]). Die Mittheilungen des Id. über den siegreichen Kampf Theoderichs II gegen die Sueven, die Gefangennahme und den Tod Rechiars sowie manche der folgenden Notizen kehren in der Hist. Suevorum wieder, nur in kürzerer Fassung[4]). Eben für die folgenden Ereignisse in Spanien, in den Jahren 57, 58, 59, 60 ist der heutige Geschichtsforscher fast allein auf die Berichte des Id. angewiesen, wie auch Is. schon sich nur auf sie gestützt hat. Die Aufzeichnungen des Id. werden dafür auch in dieser Zeit ausführlich und durchaus zuverlässig, da der Chronist selber mitten in den kriegerischen Stürmen dieser Periode stand, als Bischof von Aquaeflavienses (h. Chaves) an die Gränze Galliciens gesetzt, das mit seinen weitverzweigten Gebirgszügen, mit seinen unzugänglichen Thälern und Schluchten eine natürliche Burg bildete und den bedrängten Sueven die willkommenste Zuflucht gewährte. So ist denn auch Gallicien mit den angränzenden Landschaften in dieser Zeit der Hauptkriegsschauplatz geworden; im Jahre 460 wird unser Berichterstatter selber, wie er uns mittheilt[5]), von einer Abtheilung Sueven, die A. Fl. überfallen, gefangen fortgeführt. Die Kämpfe dieser Zeit nun zwischen Gothen und Sueven scheinen bei Id. und bei Is. auf den ersten Blick einigermassen verwickelt, bei dem Letzteren besonders, weil die beiden Texte hier nicht übereinstimmen, doch lassen sich im Folgenden vier Züge der Gothen in das suevische und römische Gebiet

---

1) Vielleicht ist auf Is's Nachricht Pr's Notiz (R. I. p. 671/72) »quia noxiis dispositionibus instaret« von Einfluss gewesen.
2) Cap. 41 Ende und Cap. 43.
3) Roncalli II p. 37/38.
4) Vgl. dazu unten p. 57.
5) Roncalli II p. 45/46.

genau unterscheiden: 1) 456/57 rückt eine von Theoderich bei seinem Abmarsch nach Gallien in Spanien zurückgelassene Truppe gegen Gallicien und plündert Asturica (h. Astorga) und Palentina (h. Palencia?), wird dagegen vor dem Coviacense castrum zurückgeschlagen und zieht ebenfalls nach Gallien zurück¹). Bei dieser Expedition die Anwesenheit Theoderichs selber anzunehmen, wie Aschbach thut, sind wir keineswegs berechtigt. Text B des Is. übergeht diesen Zug mit Stillschweigen; in der ersten Redaction hat unser Autor die Quellen-Nachrichten zusammengezogen und die Darstellung allerdings dadurch vereinfacht, anderseits aber auch manches Wesentliche ausgelassen. 2) 458. Ein Heer unter dem Dux Cyrila zieht über die Pyrenäen und wendet sich gegen die Provinz Baetica. 3) Ein neues Corps unter dem Dux Sunierich (Is. A. Sunerich. B. Singerich, Sumerich) rückt ebenfalls in die Provinz Baetica. Cyrila wird nach Gallien abberufen. Dieses letztere Factum, der Abberufung C's vermisse ich in den Darstellungen Aschbach's²) wie Lembke's³), doch berichtet Idaz (und nach ihm Is. Text A. Bei B. fehlt die Nachricht) ausdrücklich: »Cyrila revocatur ad Gallias.« Der 3. Zug fällt wahrscheinlich in das folgende Jahr, also 459. Is. (B) notirt: »sequenti anno.« Lembke⁴) scheint für 458 zu sein. 4) 460. Gothische Heeresmassen unter Nepotian und Sunierich wenden sich von Neuem gegen Gallicien und schlagen die Sueven bei Lucum (Lugo am Miño). Die Expedition findet sich nach Id. gleichmässig in beiden Texten erzählt.

Ueber diese vier genau zu scheidenden Züge hat entschieden am Besten und Eingehendsten Lembke gehandelt⁵), ungenau dagegen und wenig übersichtlich ist Aschbach's Darstellung hier.

Die übrigen Berichte zu Theoderichs Regierung stimmen in den beiden Texten überein, und zwar bestehen sie nur in Excerpten aus Idaz, bei denen Is. sich nicht einmal die Mühe gegeben hat neue Wendungen im Ausdrucke zu erfinden, geschweige denn die trockenen Aufzeichnungen seiner Quelle in ein zusammenhängendes ansprechenderes Gewand zu kleiden.

In der Hist. Vandal. tritt die idazische Chronik als Quelle im Texte B mit dem zweiten Abschnitt (zur Aera CDXLVI) ein und bleibt ausschliessliche Vorlage bis zu dem Bericht über

---

1) Id. Roncalli II p. 41/42.
2) A. a. O. p. 139.
3) l. l. p. 37.
4) p. 36.
5) p. 36 f.

Geiserich's Thaten. Ebenso beruht die Darstellung des kürzeren Textes bis zur Regierung Geiserich's allein auf des Id. Aufzeichnungen. Ueber die selbständige Notiz hier, die Angabe der Regieruugsjahre Guntherich's ist oben bereits gehandelt (s. p. 41). In dem Berichte über die verschiedenen Kriegs- und Raubzüge der Vandalen in Spanien erscheint Text B nach Id. ausführlicher als A, doch finden wir bei ihm Irrungen in der Zeitfolge, von denen sich der kurze Auszug bei A frei gehalten hat.

Nach Id.[1]) schliesst sich nämlich an die Kämpfe zwischen Sueven und Vandalen in den gallicischen Gebirgen, die von beiden Völkern zugleich in Besitz genommen waren, der Auszug der Vandalen nach Baetica an. Von hier aus erfolgt durch sie mehrere Jahre später[2]) die Plünderung der Balearen, die Zerstörung Carthago Spartarias und Hispalis' sowie der Angriff auf Mauritanien. Bei einer neuen Eroberung von Hispalis verliert dann König Guntherich sein Leben[3]). Text B. lässt dagegen auf den Krieg mit den Sueven sofort den Raubzug nach den Balearen u. s. w. folgen und darauf erst den Auszug nach Baetica. Der ersten Einnahme von Hispalis geschieht keine Erwähnung. Interessant ist aber Is's originelle Notiz, dass die Kirche in Hispalis, an deren Schätzen sich König Guntherich vergreifen wollte, die des h. Vincentius gewesen sei. Is. hat über dies Ereigniss an Ort und Stelle Erkundigungen einziehen können.

Auch die ersten Sätze zu Geiserichs Regierung sind wörtlich der entsprechenden Darstellung bei Idaz entlehnt. In dem Bericht von der Ueberfahrt der Vandalen nach Africa ist der handschriftliche Text der ersten Redaction sehr stark verderbt, denn wie die Nachricht uns heute vorliegt, bringt sie eine völlige Verdrehung der Thatsachen. Die Drucke des kürzeren Textes haben die Schwierigkeiten dadurch noch vermehrt, dass sie statt des handschriftlichen »Spaniam« nach Pithoeus »in Hispaniam« setzen. »Spaniam« kann leicht aus »Spania« entstanden sein, und ebenso leicht kann der Schreiber für »Africam« »Africa« gelesen haben. Nach dieser Correctur erhalten wir dann wenigstens »Africam relicta Spania transfretavit«. Bedenken erregt dann allerdings »venit«, ein völlig neues Wort, das sich an dieser Stelle eingeschlichen hat. Den Hauptanlass zu der directen Umkehrung des ursprünglichen Berichts hat wohl der aller-

---

1) Roncalli II. p. 19/20.
2) Ronc. II. p. 21/22. Zwischen der Einwanderung der Vandalen in Baetica und der Plünderung der Balearen liegen die von Is. nicht erwähnten Kämpfe des römischen magister militum Castinus gegen die Vandalen. (Id. Ronc. II. p. 21/22.)
3) Roncalli II. p. 21/22.

dings nicht ganz gewöhnliche Ausdruck des Id. »Mauritaniam et Africam« gegeben, wobei man unter Africa die römische Provinz zu verstehen hat. Dem späten Abschreiber ist diese Unterscheidung nicht mehr verständlich gewesen, und er hat sich dann die Nachricht in der Form zurechtzulegen gesucht, wie wir sie heute vor uns sehen. Freilich hat sich der Copist dabei auch nicht gescheut eine Interpolation des Textes vorzunehmen, denn nur auf diese Weise vermögen wir uns »venit« zu erklären. Nach Tilgung desselben sind alle Schwierigkeiten gehoben, wir erhalten die gute, sich eng an die Quelle[1]) anschliessende Lesart: »qui (Gaisericus) de Baeticae provinciae litore ad Mauritaniam et Africam relicta Spania (Hispania) transfretavit«.

Ebenfalls nach Id. berichten die Historien — Text B in ausführlicherer Weise — über die Plünderung Siciliens, die Belagerung von Panormus sowie die Verfolgung der Katholiken in Africa durch Geiserich. Dann aber folgen nach derselben Quelle[2]) allein im längern Texte zwei Nachrichten, die bei der zweiten Redaction an falscher Stelle eingeschoben sind: über den fruchtlosen Versuch Kaiser Majorians die Vandalen in Africa selber anzugreifen und über die nicht lange darauf erfolgende Ermordung Majorians durch Ricimer. Die beiden Zusätze sind nach der Erzählung von der theodosianischen Expedition gegen Sicilien[3]) und vor die Eroberung Roms durch Geiserich eingeschaltet. Darnach würden die Zerstörung der kaiserlichen Flotte sowie der Tod Majorians vor das Jahr 455 fallen, während die Quellen das erstere Ereigniss in das Jahr 460 setzen und als Todesjahr Majorians 461 angeben. Der Ueberfall Roms durch Geiserich ist zum Theil nach Id.[4]), zum Theil nach Victor Tunnunensis[5]) erzählt. Der Text der ersten Redaction ist auch an dieser Stelle corrumpirt (»relicto Valentiniano« statt »relictam Valentiniani«; es fehlt »et«). Auffällig ist im Texte B die Anknüpfung »quarum unam ex filiabus suis«, die vielleicht im Anschluss an den Bericht bei A: »filias .... mittit« entstanden ist. Ungenau meldet die erste Redaction von der Rückgabe »der beiden Töchter«, während die Quelle berichtet, dass die Wittwe des Valentinian zurückgesandt und eine von den Töchtern (Placidia) dem römischen Senator Olybrius vermählt, also auch zurückgesandt worden sei. Die Nachricht von der Verbindung der andern in Africa zurück-

---

1) Id. Roncalli p. 23/24.
2) Id. Ronc. II. p. 43/44.
3) S. oben p. 52.
4) Roncalli II p. 37/38.
5) Roncalli II p. 341.

gehaltenen Tochter mit Geiserichs Sohn Hunerich fehlt im kürzern Texte, während B sie in den Bericht aufgenommen hat. In der »Suevengeschichte« ist Id. vom Beginn der Historia bis zu der namentlich durch Ajax bewirkten Bekehrung der Sueven zum arianischen Christenthum ausschliessliche und zwar stark benutzte Quelle. In den Berichten über Hermerich und Rechila zeichnet sich der längere vor dem kürzeren Texte durch grössere Ausführlichkeit, aber auch durch grössere Klarheit in der Darstellung aus.

Statt der idazischen Nachricht[1]): »Hermericus rex morbo oppressus Rechilam filium suum substituit in regnum« finden wir bei A: »quo morbo (Emericus) diutissime per annos septem oppressus interiit. Post quem Riccila filius ejus successit«. Dann folgt die Schilderung von R's siegreichem Kampf gegen den römischen Feldherrn Andevotus (Undebotus) am Singilio, den R. jedoch auf Geheiss des Vaters unternimmt (jubente patre ab eo missus, Construction!), und unmittelbar auf die Nachricht von der Schlacht heisst es weiter: »Post obitum autem patris cet.«. — Zur Regierung des Rechiar haben wir die beiden Theoderiche — Vater und Sohn — genau zu unterscheiden, welche in die Geschichte des Suevenvolks auf sehr verschiedene Weise eingreifen, die aber in den isidorischen Excerpten aus Id. ohne eine unterscheidende Bezeichnung unmittelbar nach einander aufgeführt wie eine Persönlichkeit erscheinen. Das beste Einvernehmen herrschte zwischen Theoderich I und Rechiar, der sogar die Tochter des Gothenkönigs zur Gemahlin erhielt. Mit gothischer Hülfe soll Rechiar auf der Heimkehr (remeans) von einem Besuche bei seinem Schwiegervater Caesaraugusta und Ilerda geplündert haben[2]). Dagegen macht sich unter dem jüngeren Theoderich (II) ein höchst feindseliges Verhältniss zwischen den beiden Schwägern geltend, das endlich zum offenen Bruch führt. Am Schluss des Berichts begegnet uns die bereits bekannte Nachricht von der Schlacht am Orvigo. Während aber der Kampf selber in der »Suevengeschichte« nur mit kurzen Worten erwähnt wird, sehen wir die demselben vorausgehenden Ereignisse, die in der Hist. Goth. ganz fehlen, hier wenigstens einigermassen berücksichtigt, allerdings nur in der zweiten Redaction.

Die richtige Zeitfolge der Ereignisse ist freilich auch hier wieder nicht von Is. beobachtet; denn nach Id.[3]) besteht

---

1) Roncalli II. p. 27/28.
2) So heisst es bei Is.: »cum auxilio Gothorum« in der ersten Redaction; darnach bei B: »Gothis auxiliantibus«. Statt »cum auxilio« finden wir bei Id. (Ronc. II. p. 31/32): »cum Basilio«!
3) Roncalli II. p. 37/38.

das erste feindliche Vorgehen der Sueven in der Plünderung des Gebiets von Carthagena, welche Gesandtschaften Theoderichs sowie des Avitus an die Sueven zur Folge hat. Aber kurze Zeit darauf erfolgt die Verwüstung der tarraconischen Provinz durch dieselben. Eine zweite Gesandtschaft des Gothenkönigs geht an sie ab, auf welche Rechiar mit einem erneuten Einfall in die Tarraconensis antwortet. Dann rückt Theoderich über die Pyrenäen. Is. dagegen berichtet nur von einem Raubzug der Sueven in die tarraconische Provinz und setzt diesen vor die Plünderung der »Carthaginenses regiones«. In den folgenden Berichten erscheint Text A im Anschluss an Id. weit ausführlicher als Text B. Bei der zweiten Redaction der Historien sind in diesem Abschnitt die Nachrichten zusammengezogen anstatt erweitert. Nach dem Tode des Frantan heisst es dann bei B: »Suevi qui cum eo erant Recchimundum sequuntur et cum Maldra pace inita pariter partes Lusitaniae (Lusitaniam) depraedantur«. Darnach wäre also an Stelle des Frantan als neuer Parteiführer Remismund getreten, der mit der andern Partei (Maldras) förmlich Friede geschlossen hätte[1]). Eine solche Darstellung der Dinge kennt Id. nicht. Nach ihm[2]) erscheinen nach Frantans Tod die Sueven allein unter Maldras und unternehmen einen Raubzug gegen die an den Duero gränzenden Theile Galliciens.[3]) Erst zum folgenden Jahre (459)[4]) berichtet Id. von neuen Plünderungen Lusitaniens und Galliciens durch die Sueven. An der Spitze des Zuges gegen L. steht Maldras, den gegen G. führt Remismund, und es liegt kein Grund vor die Nachricht Is's (bei A sowohl in der H. S. wie H. G., bei B in der H. G.) dass Remismund der Sohn des Maldras gewesen sei, anzuzweifeln[5]).

Uebrigens sei noch bemerkt, dass auch die oben angeführte Lesart der zweiten Redaction keineswegs ganz feststeht. Im Cod. Clarom.[6]) fehlen die Worte »qui cum eo erant Recchimundum sequuntur et«, und es ist daher möglich, dass bei der citirten Lesart der anderen Manuscripte eine spätere Interpolation vorliegt.

---

1) So auch bei Lembke p. 37 das Verhältniss des Remismund zum Maldras.
2) Ronc. II p. 41/42 Ende und 43/44 oben.
3) Vgl. A: »Fratan mortuo Suevi, qui cum eo fuerant, ad Masdram revertuntur: regionem Galliciae adhaerentem flumini Durio depraedantur«.
4) Roncalli II p. 43/44.
5) Wie Lembke, p. 37 es gethan hat. Der scharfsinnige Forscher hat hier, wie auch an andern Stellen seiner Darstellung dadurch geschadet, dass er auf den kürzeren Text der Historien gar keine Rücksicht genommen hat.
6) Und darnach in den Ausgaben von Labbe und Grotius.

Zum Jahre 460 finden wir bei Idaz[1]) einen neuen Suevenfürsten erwähnt: Frumarius, über dessen Stellung zu Remismund vorerst Nichts verlautet. Nach der Erwähnung desselben folgen Nachrichten über die Plünderung Aquae Flaviaes durch Sueven unter Frumar und über die Verwüstung der Auregensium loca (h. wohl die Umgebung Orenses am Miño) und des Lucensis conventus durch Remismund. Darnach erst heisst es bei Id.[2]): »Inter Frumarium et Remismundum oritur de regni potestate dissensio«. Ueber irgend welche Folgen dieses Streites um die Königsherrschaft wird uns jedoch Nichts weiter berichtet. Die beiden Texte der Historien nehmen die Nachrichten des Id. in ihre Erzählung auf, aber beide vernachlässigen die in der Quelle gegebene Zeitfolge, indem sie den Kampf um die Königsherrschaft schon vor die Plünderungszüge des Frumarius und Remismund setzen.

Einen Verstoss gegen die Zeitfolge hat Is. sich endlich auch in den letzten aus Id. in die Hist. Suev. herübergenommenen Aufzeichnungen zu Schulden kommen lassen. Die Quelle berichtet nämlich über den Austausch von Gesandtschaften zwischen Theoderich und Remismund, der nach Frumars Tode das ganze Suevenvolk unter seinem Scepter vereinigt hatte. In Begleitung der Gesandtschaft des Theoderich an den Suevenkönig erscheint auch eine Westgothin, von Theoderich zur Gemahlin Remismunds bestimmt. Im Zusammenhang ohne Zweifel mit dieser Vermählung und den freundschaftlichen Beziehungen zum westgothischen Hof erfolgt dann der Uebertritt des Suevenkönigs mit seinem Volk zur arianischen Glaubenslehre, von Id. ausdrücklich noch in die Zeit Theoderichs gesetzt[3]). Erst in die Regierungszeit des Eurich fällt dann mehrere Jahre später die Plünderung Coimbras und die Besetzung Lissabons durch die Sueven[4]). Is. aber verzeichnet diese beiden Ereignisse vor der Conversion der Sueven.

In der Nachricht über die Einnahme Lissabons sehen wir den kürzeren Text merkwürdig entstellt. Denn während die Quelle meldet: »Ulixippona a Suevis occupatur, cive suo, qui illic praeerat, tradente Lusidio« und nach ihr Text B: »Olysipona quoque ab eo (R.) occupatur, cive suo, qui illi

---

1) Roncalli II p. 45/46. — Wir sind nicht berechtigt bei dem Angriff auf Lucum (Id. Ronc. II. p. 43/44) bereits die Anwesenheit Frumars anzunehmen, wie Lembke p. 38 thut.
2) Roncalli II p. 47/48.
3) Roncalli II p. 49/50.
4) Ronc. II p. 51/52. Id. notirt einen Ueberfall C's durch die Sueven auch zur Regierung Theoderichs, aber die wörtlich wiederholte Nachricht von der Plünderung der Stadt findet sich in der Quelle zu Eurichs Zeit.

praecrat tradente Lusidio« heisst es bei A: »Olisepona quoque ab eo occupatur: cives vero, qui illic praeerant, custodiendos tradidit Lusidio«. Dass die beiden isidorischen Texte auch hier verwandt sind, einer von dem andern benutzt worden ist, zeigen die Worte »quoque ab eo«. Und zwar würde diese Stelle entschieden für die Originalität von B sprechen. Ein neues Wort »custodiendos« ist hinzugekommen, die übrigen Worte sind derart verändert, dass sie eine völlige Verdrehung des Sachverhältnisses bringen. Eine andere Controle der Notiz aber als Idacius besitzen wir nicht: es bleibt uns daher, wollen wir unsere mit Argumenten vielfach belegte Ansicht von der Priorität des Textes A nicht um dieser einen Stelle willen aufgeben, Nichts weiter übrig als auch hier eine spätere Corrumpirung der älteren Fassung anzunehmen.

Victor v. Tunnuna.[1])

Die Chronik des Victor Tunnunensis wird vollständig von dem kirchlichen Standpunkt des Verfassers beherrscht, so dass der politischen Geschichte nur ganz nebensächlich Erwähnung geschieht. Damit hängt zum Theil zusammen, dass Victor im Allgemeinen für die abendländische Welt wenig Interesse zeigt; für ihn hatten viel grössere Wichtigkeit die kirchlichen Streitigkeiten, das Sectenwesen, die Haeresien, die im Orient stets einen weit ergiebigeren Boden gefunden haben als im Occident. Selbstverständlich treten dabei die auf Africa bezüglichen Ereignisse in den Vordergrund. So kommt es denn auch, dass wir die V'sche Chronik weder in der Hist. Gothorum noch in der »Suevengeschichte« benutzt finden. Dagegen ist sie für die Hist. Vandalorum nicht nur die Hauptquelle sondern vom Tode Geiserichs an bis zum Schluss die ausschliessliche Vorlage gewesen; und zwar wird V. von beiden Texten gleichmässig Wort für Wort ausgeschrieben. Für die einzelnen aus ihm entlehnten Notizen verweise ich auf die Quellenanalyse. Die wenigen selbständigen Zusätze zu V's Bericht sind oben bereits berührt worden[2]). Falsch ist in der zweiten Redaction die Notiz über Fulgentius erst nach dem Tode König Trasamunds eingeschoben (Vgl. Quellenanalyse.) Auch sei hier noch bemerkt, dass bei der Nachricht über die Katholikenverfolgung im kürzern Text »Catholicas« in »Catholicos« zu corrigiren und demnach zu verbinden ist: »qui .... Catholicos per

---
1) Bei Roncalli II. p. 337 ff.
2) Vgl. p. p. 25. 42. Selbständig ist auch im kürzern Text die Angabe der Dauer von Gelimers Regierung.

totam Africam atrocior patre persequitur, Ecclesias tollit, sacerdotes et cuncti ordinis clericos in exilium mittit.«

Johannes v. Biclaro.

Die Chronik des J. Biclariensis, im Anschluss an die Victors v. Tunnuna entstanden, ist eine unserer vorzüglichsten Quellen [1]) für die westgothische Geschichte — was Ausführlich, keit sowohl als Zuverlässigkeit der Angaben betrifft. Jo's Darstellung ist merkwürdig objectiv gehalten, fast gänzlich frei von Parteilichkeit. Dabei berichtet er als Zeitgenosse, zum Theil auch als Augenzeuge, wie er uns selber mittheilt[2]). Jo. berücksichtigt, obgleich Fortsetzer Victors, als Bischof v. Gerona — später Stifter des Klosters Biclaro am Fusse der Pyrenäen — vorzugsweise die spanischen Begebenheiten; aber leider umfasst die Chronik nur die Jahre 567—89, d. h. die Regierungen der Könige Leova I. und Leovigild sowie den Anfang der Regierung Recareds I. Für diese Zeit hat denn auch Is. des Jo's Aufzeichnungen benutzt, doch trägt hier die Benutzung einen wesentlich anderen Charakter wie bei den früheren Quellen. Für die Zeiten, über die Jo. schreibt, war Is. nicht mehr an schriftliche Ueberlieferung und unsichere mündliche Tradition allein gebunden; aus den Berichten älterer Zeitgenossen musste ihm eine Fülle des Materials zu Gebote stehen.

So finden wir aus Jo's Erzählung von Is. nur einzelne Notizen entlehnt, und nur an wenigen Stellen tritt wörtliche Uebereinstimmung der beiderseitigen Berichte hervor. In der Hist. Goth. ist die Nachricht von der Gründung der Stadt Recopolis in Caltibarien, zu Ehren von Leovigilds Sohn Recared aus I. B.[3]) herübergenommen, doch fällt dies Ereigniss bei dem Letzteren vor die Empörung Hermenigilds, während Is. es am Schluss des Berichts über Leovigild erwähnt. Da wir aber in den vorgehenden Untersuchungen zur Genüge erfahren haben, dass Is. sich um die genaue Zeitfolge der einzelnen Begebenheiten auf einander sehr wenig kümmert, so werden wir hier unbedingt der Angabe des Jo. folgen,

---

1) Vgl. schon Isidor, de viris ill. 63.: »Jo. addidit in libro Chronicorum .... historico compositoque sermone valde utilem historiam«.

2) Roncalli II. p. 381: »Nos ergo quae temporibus nostris acta sunt ex parte quod oculata fide pervidimus ..... studuimus ad posteros notescenda brevi stylo trasmittere«.

3) Roncalli II p. 389.

der die Gründung in das zweite Jahr des Kaisers Tiberius (577) setzt. — Zur Regierung Recareds ist der Bericht des Jo. auf die isidorischen Nachrichten über die von Recared berufene Synode, auf welcher die Gothen den arianischen Glauben abschwören [1]), über die Kämpfe mit den Franken [2]), über die Zurückerstattung der durch Leovigild den Kirchen geraubten Güter [3]), über die Unterdrückung von gegen den König angestifteten Verschwörungen entschieden von Einfluss gewesen. Die Restitution der Kirchengüter hat übrigens sofort nach dem Uebertritt R's zur katholischen Kirche stattgefunden, was von Is. nicht hervorgehoben ist. Die Notiz über Verschwörungen bei unserm Autor ist nur eine Verallgemeinerung der Nachricht des Jo. von dem gefährlichen Aufstand des dux Argimund, eines Bastards des Königs:

I. B.	Is.
Nam quidam ex cubiculo ejus etiam Provinciae Dux, nomine Argimundus adversus Recaredum Regem tyrannidem assumere cupiens ita ut, si posset eum et regno privaret et vita. Sed nefandi ejus consilii detecta machinatione comprehensus.	Multi quoque adversus eum tyrannidem assumere cupientes detecti sunt suaeque machinationis consilium implere non potuerunt.

Dass aber in der That »viele« derartige Empörungen, an denen sich selbst hohe arianische Geistliche betheiligten, unter Recareds Regierung vorgekommen sind, wird uns sowohl durch Jo. selber [4]) als auch durch andere Quellen bestätigt [5]).

In der »Geschichte der Sueven«, für die unserm Autor die mündlichen Quellen weniger reichlich fliessen mochten, hat Is. die letzten Nachrichten, von Miros Thronbesteigung

---

1) Ronc. II p. 394.
2) Ronc. II p. 395.
3) Ronc. II p. 394.
4) Roncalli II p. 394. Aufstand des Bischofs Sunna, Seggas und anderer gothischer Grossen. Hier findet sich dieselbe Wendung, wie oben bei Argimunds Aufstand: »tyrannidem assumere cupientes deteguntur«. Ronc. II p. 394. Verschwörung des Bischofs Uldila.
5) Aufstand des Athalocus in der narbonnens. Provinz. Greg. Turon. II. E F. IX, 15. (edd. Guadet et Taranne II, p. 148/49). — Paullus Diaconus Emeritensis, Vitae patrum Emeritens. (ed. Aguirre, Coll. maxima conc. Hispaniae Tom. IV.) Zum Aufstand Sunnas und seiner Anhänger nennt P. noch als Theilnehmer den Grafen Witterich und später einen Vakrila. Cap. 17 u. 18. Ag. p. 231 ff. — Nach P. treten in Verbindung mit Athalocus die comites Granista und Wildigern. Cap. 19. Ag. p. 233.

an bis zum Ende der Historia aus I. B. entlehnt, indem er selber einige chronologische Angaben hinzufügte. Die Excerpte Is's stellen hier fast überall den Sachverhalt richtig dar und beobachten die von der Quelle gegebene Zeitfolge. Nur in dem Verhältniss Miros zu Leovigild und dessen aufrührerischem Sohn Hermenigild hat Is. den vor ihm liegenden Bericht missverstanden[1]). Es heisst nämlich bei Jo.[2]) über den Kampf zwischen Leovigild und Hermenigild um Sevilla: »Anno ergo I Mauricii Imperatoris ..... Leonegildus Rex Civitatem Hispalensem congregato exercitu obsidet et rebellem filium gravi obsidione concludit, in cujus solatio Miro Suevorum rex ad expugnandam Hispalim devenit ibique diem clausit extremum«, darnach berichtet Is.: »deinde (Miro) in auxilium Leovigildi Gothorum regis adversus rebellem filium ad expugnandam Hispalim pergit ibique vitae terminum clausit«. Er bezieht also »cujus« nicht auf Hermenigild, was doch das Nächstliegende ist, sondern auf Leovigild und stellt auf diese Weise die Nachricht seiner Quelle auf den Kopf. Man sollte glauben, dass Is. für diesen Kampf aus der Localtradition von Sevilla hätte schöpfen können, und es ist daher erklärlich und verzeihlich, dass spätere spanische Historiker[3]) sich in ihren Darstellungen auf Is's Bericht gestützt haben. Ausser den beiden sich widersprechenden Erzählungen des Is. und Jo. ist uns aber noch ein drittes von Beiden unabhängiges und unzweideutiges Zeugniss über den Kampf bei Hispalis erhalten, nämlich das Gregors v. Tours, der in der Historia Eccl. Franc.[4]) berichtet: »Et accedens (Leuvichildus) ad locum (sc. Hispalim) viros protrivit, castrumque combussit .... Patrata quoque victoria cognovit Mironem regem contra se cum exercitu residere. Quo circumdato sacramenta exigit sibi in posterum fore fidelem cet.« Durch Gregors Angabe wird Jo's Nachricht bestätigt und die Zuverlässigkeit des Chronisten von Biclaro von Neuem dargethan.

Häufig finden wir nun auch Nachrichten über dieselben Begebenheiten der westgothischen Geschichte sowohl bei I. B. wie in der H. G. des Is. ohne dass wir berechtigt wären eine directe Benutzung des biclarischen Chronicons durch

---

1) In den gleichen Fehler ist noch Aschbach p. 208. Anm. 63 verfallen!
2) Roncalli II p. 391.
3) Mariana, Historia de reb. Hisp. V, 12. (Hisp. ill. II p. 346). — Ferreras, historia de España, ad a. 582. (Tom. III, Madr. 1716 p. 238): »Juan de Viclara dice: que fuè Miro à ayudar à Leovigildo en el sitio de Sevilla, y que alli murio«. F. sucht dann die Berichte Jo's und Is's einer- und Gregors anderseits zu vereinigen.
4) L. VI. Cap. 43 (edd. Guadet et Taranne p. 454).

unsern Autor anzunehmen. So ergänzen sich in manchen Berichten die Aufzeichnungen der beiden Chronisten; bisweilen auch stimmen sie nicht überein; dann ist natürlich die zeitgenössische Ueberlieferung den Angaben Is's vorzuziehen [1]). Im Allgemeinen ist Jo's Bericht weit ausführlicher, als der Is's, doch bringt auch der Letztere einige Thatsachen zu unserer Kenntniss, deren Verzeichnung wir bei Jo. vergebens suchen. So erfahren wir nur durch unsern Autor von Hinrichtungen und Verbannungen, die Leovigild über gothische Grosse verhängt hat[2]), von dem Uebertritt des Bischofs Vincentius v. Caesaraugusta. Allein Is. verdanken wir die Notiz, dass Leovigild eine Revision und Redaction der einst auf König Eurichs Geheiss gesammelten und aufgezeichneten Gewohnheitsrechte der Westgothen hat vornehmen lassen: »In legibus quoque ea« überliefert unser Autor »quae ab Eurico incondite constituta videbantur, correxit, plurimas leges praetermissas adjiciens plerasque superfluas auferens«.

So haben wir denn das uns heute noch erhaltene schriftliche Quellenmaterial, welches Is. seinen Historien zu Grunde gelegt hat, sowie die Art und Weise der Benutzung desselben durch ihn kennen gelernt. Das Resultat aber, zu dem wir gelangen, ist eben kein günstiges zu nennen. Denn weder kann uns eine reiche Fülle der Hülfsmittel, die dem sonst so belesenen Manne zu Gebote stand, in Erstaunen setzen noch auch vermögen wir die Methode der Benutzung als eine musterhafte zu bezeichnen. Wir haben gesehen, dass Is. aus den ihm bekannten Chronisten keineswegs sämmtliche Nachrichten, die sich auf gothische, vandalische oder suevische Geschichte beziehen, in seinen Bericht aufgenommen hat, so dass von einer relativen Vollständigkeit der Excerpte keine Rede sein kann. Aber wir haben auch bemerkt, dass er selbst in der kritischen Auswahl der Nachrichten, in der Verwerthung der Quellen durchaus nicht mit der gebührenden Sorgfalt und Genauigkeit zu Werke gegangen ist. Manchmal hat er, wo ihm mehr Quellen zugleich vorgelegen, der weniger glaubwürdigen den Vorzug gegeben; häufig auch sind von

---

1) Ueber die genauere Bestimmung der Dauer von Leovas I. Regierung s. oben p. 41. Auch in der Zeitfolge der einzelnen Kriegszüge Leovigilds im Innern Spaniens gegen die Reste der byzantinischen Herrschaft auf der Halbinsel sowie gegen rebellische Völkerschaften und Städte sind die Angaben des Jo. viel genauer.
2) Is. »Nam vi cupiditatis et livoris quosque potentes ut vidit aut capite damnavit aut opibus ablatis proscripsit«. (B fügt ausser einigen Modificationen in den Worten noch hinzu: »et proscriptos in exilium misit«).

ihm bei der Ausschreibung einer Vorlage wesentliche Punkte bei Seite gelassen, während unwesentliche dafür ohne Ursache in den Vordergrund treten. Die Zeitfolge findet sich zudem nur zu oft in rücksichtsloser Weise geändert. Manches Unheil ist durch diese isidorischen Auszüge in der Geschichtschreibung angerichtet, da die späteren mittelalterlichen Historiker einer Autorität wie Is. natürlich weit mehr Glauben schenkten, als den weniger bekannten Idacius oder Prosper, Victor v. Tunnuna oder Johannes Biclariensis; wir finden zum Beispiel fast keinen der jüngeren spanischen Chronisten, der auf die ursprünglichen Quellen zurückgegangen wäre, wo ihm die Bearbeitung bei Is. zugleich vorgelegen hat; seine Berichte werden mehr oder weniger mechanisch nachgeschrieben. Selbst in neuerer Zeit hat man noch, wie ich meine, auf die Nachrichten Is's in diesen frühen Perioden zu grosses Gewicht gelegt.

Können nun Is's Berichte, soweit sie auf den genannten Autoren beruhen, auf historischen Werth gar keinen Anspruch machen, da die aufgeführten Quellen selber glücklicherweise auch uns noch sämmtlich unversehrt vorliegen, so erlangen dagegen die Aufzeichnungen unsers Autors, die aus Quellen geschöpft sind, deren Verlust wir heutzutage beklagen, nicht geringe Bedeutung. Und dies ist der Fall mit den Excerpten Is's aus einem Autor, der uns nur aus wenigen Notizen dem Namen nach bekannt ist, wir meinen

Maximus, Bischof v. Caesaraugusta

einen älteren Zeitgenossen Is's. Ueber ihn berichtet Is. in der Schrift »de viris illustribus« (Cap. 46)[1]: »Maximus Caesaraugustanae civitatis episcopus multa versu prosaque componere dicitur. Scripsit et brevi stilo historiolam de iis, quae temporibus Gothorum in Hispaniis acta sunt, historico et composito sermone, sed et multa alia scribere dicitur quae necdum legi«. Wir finden M's Namen sodann unter den Protocollen der Concilien von Barcelona[2] (unter König Recared I. a. p. Chr. 599) und Egara[3], in der Provinz Tarraconensis (unter Sisibut a. p. Chr. 614). Dagegen ist es ein Irrthum, wenn Nicolaus Antonius[4] und nach ihm Arevalus[5] be-

---

1) Arevalus VII p. 164.
2) S. die Concilsacten bei Aguirre, a. a. O. Tom. III p. 307.
3) Aguirre p. 342. 4. »Maximus subscripsi«. Es kann dieser M. nur unser Bischof sein.
4) Bibl. Hispana vetus I, p. 239.
5) Ausg. des Isidor VII p. 164. Anm.

haupten, dass M. sich ebenfalls unter die Gesta der Synode von Toledo (unter Gunthimar a. p. Chr. 610) unterschrieben habe, wo doch nur Bischöfe der Provincia Carthaginensis anwesend waren [1]). Sonst ist uns keine Kunde weiter über M. erhalten. Der Tod desselben fällt zwischen die Jahre 614, wo M. als auf dem Concil von Egara anwesend genannt wird, und 621 [2]), da sein Nachfolger auf dem bischöflichen Stuhle von Zaragoza, Johannes, nach Ildefons' v. Toledo Zeugniss [3]) 12 Jahre lang regierte, und wir den Nachfolger des Johannes, Braulio bereits unter den Unterzeichnern der Beschlüsse des vierten Concils von Toledo (unter Sisinanth a. 633) als Bischof von Caesaraugusta aufgeführt finden [4]). Von den Schriften des M., auf die Is. anspielt, war bis ins sechzehnte Jahrhundert hinein Nichts bekannt, dann aber verbreitete sich die Nachricht, dass ein »Chronicon Maximi« zugleich mit der »Historia omnimoda Dextri«, die, nur aus einer Stelle in Hieronymus' Schrift »de viris illustribus« bekannt, man bis dahin ebenfalls als verloren oder überhaupt nicht geschrieben betrachtet [5]) und einem Chronicon Eutrandi (Luitprandi) [6]), wieder angeblich Fortsetzung des Maximus von dem Jesuiten Torralba an den Jesuiten R. de la Higuera gesandt worden sei. Torralba wollte den Codex von einem Wormser Bürger erhalten haben. der ihn aus der Bibliothek von Fulda empfangen haben sollte. Es scheinen dann verschiedene Copien des Schriftstücks genommen zu sein, die zum Theil auch im Druck erschienen. Während man aber auf der einen Seite die Auffindung der Chroniken mit dem grössten Jubel begrüsste, müssen sich doch anderseits schon früh Zweifel an der Aechtheit des Schriftstücks erhoben haben, da bereits Ende der zwanziger Jahre des XVII ten Jahrhunderts Thomas Tamajas Vargas sich veranlasst sah einen »Dexter defensus« zu schreiben.

Ueber die Geschichte der Auffindung und Publicirung der Chroniken berichtet Nicolaus Antonius ausführlich [7]), er ist es auch gewesen, der in eingehender und besonnener Weise die Aechtheit derselben zuerst in der Bibl. Hispana vetus angegriffen, dann in der »Censura de Historias Fabu-

---

1) S. die Unterschriften bei Aguirre, l. l. III p. 322.
2) Den folgenden Nachweis hat bereits Nicolaus Antonius geführt, Bibl. H. V. I p. 239.
3) De viris illustr. Cap. VI (Abdruck bei Arevalus VII p. 170).
4) Aguirre III p. 386. (54).
5) Aus Hieronymus' Notiz (de vir. ill. 132) erhellt in der That nicht, ob das Werk jemals verfasst worden ist.
6) Angeblich »Diaconus Ticinensis et Subdiaconus Toletanus« um 960.
7) Bibl. Hisp. vetus Tom. I (Rom. 1696) p. 155 ff.

losas« die ganze Schrift als eine spätere Fälschung in erschöpfender Weise nachgewiesen hat [1]). Wollte man aber irgendwo nach Spuren des nicht mehr erhaltenen Werkes des Maximus suchen, so hätte dies vor Allem bei Is. geschehen müssen. Er hat nach eigener Aussage die heute verlorene Schrift vor sich gehabt; ihm mussten bei einer Geschichte der Westgothen die Aufzeichnungen des Bischofs von Caesaraugusta ganz besonders zu Gute kommen, denn auch sie berichteten ja über Das was »zur Zeit der Gothen in Spanien geschehen war«. Und in der That ist die Gothengeschichte des M. von unserm Autor nachweislich benutzt worden. Es erhellt dies zunächst aus dem Umstande, dass während bis zu Eurichs Regierung die Berichte Is's aus den oben besprochenen Quellen entlehnt, in verhältnissmässig ausführlicher Weise über die spanischen Ereignisse Kunde geben, von Eurichs Regierung an, wo diese Quellen versiegen, eine bemerkenswerthe Dürftigkeit des Referats eintritt, dagegen nun aber ein bei Is. auffälliges Localinteresse für den Nordosten der pyrenäischen Halbinsel (die Provincia Tarraconensis) und speciell wieder für Caesaraugusta sich geltend macht. Bis dahin geschieht dieser Gegend Spaniens nur ein einziges Mal Erwähnung, nämlich bei Gelegenheit der Nachricht von Athaulfs Ermordung in Barcelona, für die folgende Erzählung aber tritt sie entschieden in den Vordergrund. Caesaraugusta wird zum ersten Mal namentlich erwähnt zur Regierung Eurichs, dessen Schaaren über die Pyrenäen dringen, die Stadt bestürmen und sich nach Bewältigung des (röm.) Adels der Provincia tarracon. die ganze Hispania superior unterwerfen. — Zur Aera DXLV sind zu nennen: die Flucht Gisalaichs nach Barcinona und die wenige Jahre nach derselben stattfindende Schlacht zwischen Gisalaich und Ibba, einem Feldherrn Theoderichs d. Gr., in der Nähe derselben Stadt. Die Entfernung des Schlachtfeldes von Barc. wird genau bestimmt mit den Worten: »duodecimo a Barcinona urbe milliario commisso praelio etc.« — Auch K. Amalrich gelangt dann auf seiner Flucht nach der Niederlage bei Narbonne gegen den Frankenkönig Childibert nach Barcinona. — Unter Theudis brechen fünf Frankenkönige — »reges« nennt sie Is. — in Spanien ein, belagern Caesaraugusta und verwüsten die tarraconische Provinz. Endlich zu Leovigilds Regierung wird unter den zur arianischen Lehre

---

1) C. d. H. F. obra posthuma de Don Nicolas Antonio publ. Don Gregorio Mayáns i Siscàr, Valencia 1742. Die Veröffentlichung des Werkes hat erst lange Zeit nach des Autors Tode statt haben dürfen. — Darnach ist Teuffel (R. L. Nr. 459, 1) zu berichtigen, welcher den nach N. A's Ansicht ursprünglichen Text des Higuera für Fragmente der ächten von Is. erwähnten »historiola« des M. hält.

übergetretenen katholischen Geistlichen mit Nachdruck der Bischof Vincentius v. Caesaraugusta hervorgehoben.

Eine Bestätigung der Behauptung nun, dass wir in den angeführten Nachrichten entschieden Aufzeichnungen des M. vor uns haben, bringen die gewöhnlich als »Appendix Victoris Tunnunensis« bezeichneten Marginalnoten zum Chronicon des Victor, über deren Autorschaft und Alter uns Nichts bekannt ist[1]). Die Randglossen hängen aber, worauf man bisher gar nicht geachtet hat, aufs Engste mit den isidorischen Historien und zwar der ersten Redaction derselben zusammen, wie eine Collation der in den Noten überlieferten Nachrichten mit den entsprechenden Berichten bei Is. aufs Evidenteste ergiebt.

Ueber die Schlacht »auf den catalaunischen Feldern« heisst es z. B.:

in dem App.[2])	bei Is. (Text A.)
His diebus Gothi contra Hunnos dimicant in campis Cathalaunicis, in quo proelio Theodoredus Rex occubuit, et Gothi victores extiterunt, dimicante Turrismundo Rege, Attila Rex Hunnorum nusquam comparuit.	Theudoridus autem sumpto contra Hunos proelio in campis Catalaunicis superatus occubuit. Gothi autem dimicante Turismodo, Theudoridi regis filio adeo extitere victores, ut Attila Rex Hunorum .... nusquam comparuisse dicatur.[3])

In gleicher Weise stimmen zum Theil wörtlich überein die Nachrichten der Noten und Is's über den eben erwähnten unglücklichen Kampf Amalrichs gegen die Franken bei Narbonne und das Ende des Gothenkönigs, über die Schlacht bei Voullon oder Voullié (pugna Boglodoreta in dem App., Vogladensis bei Gregor v. Tours), über den Einfall der fünf fränkischen »reges« in Spanien u. s. w. Und ebenso deutlich

---

1) Sie sind edirt zur Chronik Victors in der Hisp. ill. v. Andr. Schott, Tom. IV. p. 121 ff.; bei Roncalli II. p. 337 ff., doch stimmen die Drucke in Bezug auf die Glossen nicht überall überein.

2) Hisp. ill. IV. p. 121. Roncalli II. p. 339.

3) Es ist von Interesse hiemit den mehr von römischem Standpunkt aus abgefassten Bericht des Idacius zu vergleichen, dem Text B wörtlich gefolgt ist, der aber auch dem Maximus bekannt sein musste (Ronc. II. p. 33/34): »Gens Hunnorum pace rupta depraedatur provincias Galliarum. Plurimae civitates effractae: in campis Catalaunicis .... Aëtio duci et regi Theodori, quibus erat in pace societas, aperto marte confligens, divino caesa superatur auxilio .... Rex illic Theodores prostratus occubuit: ccc ferme millia hominum ..... cecidisse memorantur«.

wie die Uebereinstimmung tritt wie in der Hist. Gothorum so auch in den Noten das Localinteresse für den Nordosten der Halbinsel hervor, ja Caesaraugusta speciell erscheint in den Glossen noch mehr berücksichtigt: Zum Jahre 499 (Gibbo V. C. Cos.[1]) verzeichnen sie: »His Coss. Caesaraugustae Circus expectatus est«; zum folgenden Jahr (Patritio et Hypatio Coss.)[2]: »His Coss. Dertosa a Gothis ingressa est. Petyrannus interfectus est: et caput ejus Caesaraugustam deportatum est« u. s. w.

In welchem Verhältniss stehen nun aber die Historien und die Noten zu einander? Dass Is. aus den Glossen geschöpft haben sollte, ist schon an sich unwahrscheinlich, ausserdem aber müssten wir die Abfassung der Glossen spätestens ins Ende des VIten Jahrhunderts setzen; auch wäre es auffällig, dass, wenn unserm Autor die kurzen Notizen vorgelegen, er sie nicht vollständig in seine Darstellung aufgenommen haben sollte, zumal er ja Victors Bericht so stark benutzte. Die umgekehrte Annahme aber, dass der Glossator seine Nachrichten Is's Aufzeichnungen entlehnt hätte, entbehrt aller Wahrscheinlichkeit, denn einerseits haben wir eine ganze Reihe von Noten, von denen Is. kein Wort hat, die also doch einem andern Autor entnommen sein müssten, anderseits sind die entsprechenden Nachrichten beim App. zum Theil genauer als in der Hist. Goth. In dem Bericht z. B. über die öfter erwähnte Schlacht zwischen Theoderich und Rechiar am Urbicus, über die Is. nur mit den Worten des Idacius referirt, hat uns der Appendix ganz allein die Ortsbestimmung »in campo Paramo« aufbewahrt, wir vermissen sie selbst bei dem sonst so wohl unterrichteten Idacius. Die Noten müssen also auf einem guten alten Autor beruhen, und dieser war kein Anderer als Maximus v. Caesaraugusta, den auch Is. benutzt hat. Auf diese Weise erklärt sich leicht die theilweise Uebereinstimmung zwischen dem App. und Is. Eben desshalb notiren auch die Glossen fast ausschliesslich Nachrichten aus der westgothischen Geschichte, von dem Bericht über die Schlacht »auf den catalaunischen Feldern« an bis zu der Notiz über den Tod des Königs Agila.

Eben daher kann es uns auch nicht befremden, dass wir in den Noten zu dem »afrikanischen« Chronisten so entschieden den westgothischen Standpunkt vertreten sehen, dass z. B. die gewaltige Völkerschlacht gegen Attila in der That nur als ein Kampf zwischen Gothen und Hunen erscheint, in dem König Theoderich fällt und die Gothen

---
1) Roncalli II. p. 355. Hisp. ill. IV. p. 135.
2) Ronc. II. p. 355. Hisp. ill. IV. p. 135.

unter dem Königssohne Thorismund weiter kämpfen, bis der
Feind völlig erlegen ist, Attila selber »spurlos verschwindet«.
Aus den Glossen ersehen wir deutlich, dass die Gothengeschichte des M in ganz ähnlicher Weise wie die des Is.
angelegt gewesen ist. Die Abschnitte in der Erzählung sind
nach den Regierungen der einzelnen Könige gemacht, jedem
Abschnitt ist eine Angabe über die Dauer der Regierung
vorausgeschickt.[1)]
Was nun die Benutzung der M'schen Schrift durch Is.
anbetrifft, so dürfen wir, nachdem uns die Noten gezeigt,
dass keineswegs alle Aufzeichnungen der »historiola« in die
Hist. Goth. aufgenommen sind, auch hier wohl dasselbe Verfahren annehmen, das Is., wie wir gesehen, den andern Quellen
gegenüber beobachtet hat, d. h. er hat nicht eine förmliche
Ueberarbeitung seiner Vorlage vorgenommen, sondern einzelne
Aufzeichnungen derselben excerpirt und diese im Ganzen
wenig modificirt in seine Darstellung übertragen. In den
Perioden, wo Is. selber als Zeitgenosse berichtet, wird die
Verwerthung des M. in ähnlicher Weise wie die des Joh.
Biclariensis geschehen sein. Interessant ist es, dass in dem
überarbeiteten Text der H. Goth. die wörtlichen Anklänge
an die Noten, besonders in den ersten Berichten, mehr zurücktreten. Wenig Uebereinstimmung zeigt der Bericht bei B über
die Schlacht bei Mauriacus mit dem so charakteristischen oben
citirten des M. Ihre Nachricht über den Unglückstag von
Voullon schliesst die gothische Quelle mit den kurzen aber
bezeichnenden Worten: »Regnum Tolosanum destructum est«,
die wir bei A wiederfinden: »Eoque (sc. Alarico) interfecto
regnum Tolosanum occupantibus Francis destruitur«. Auch
dieser Satz ist in der zweiten Redaction nicht wieder aufgenommen. — Vielleicht hat userm Autor bei der Ueberarbeitung M. nicht zur Verfügung gestanden.
Noch ist an dieser Stelle zu erwähnen, dass zwei Nachrichten über Begebenheiten der westgothischen Geschichte

---

1) Obgleich die Noten leider nur bis zur Thronbesteigung des
Athanagild reichen, so haben sie uns doch eine Reihe guter Nachrichten
erhalten, auf die in den neueren Darstellungen der von ihnen berührten
Perioden der westgothischen Geschichte zu wenig Rücksicht genommen
ist. Ueber die Person des Glossators lässt sich heute wenig mehr bestimmen. Die Randbemerkungen sind wohl ohne Zweifel in einem spanischen Kloster zum Victor notirt, auch wird die Notirung verhältnissmässig früh geschehen sein. An einigen Stellen finden wir die Zahlenangaben corrumpirt, stark entstellt sehen wir die Eigennamen, woran
zum Theil jedenfalls die Copisten Schuld tragen (Marrium = Alaricum;
Zidiberto = Childiberto; Helbane = Hebbane = Ibbane. Vgl. schon Junghans,
a. a. O, p. 88. A. 3.) Ebenso sind die Glossen bisweilen offenbar zu
falschen Jahren notirt.

offenbar aus den Marginalnoten irriger Weise in den Text des Victor gelangt sind. Die erste betrifft die Einnahme von Arelatum und Massilia durch die Gothen unter Eurichs Regierung und lautet[1]: »His Conss. (sc. Leone Aug. V et Probino) Arelatum et Massilia a Gothis occupata sunt«. Die zweite Notiz theilt über den RegierungsantrittAthanagilds mit[2]: »Agilam (sic!) mortuo Athanagildus, qui dudum tyrannidem assumpserat, Gothorum Rex efficitur. Reg. ann. XV.« Der Chronist von Tunnuna bringt sonst keine einzige Notiz über westgothische Angelegenheiten, und es bleibt durchaus unerklärlich, was ihn bewogen haben sollte grade bei diesen beiden Ereignissen, die keineswegs eine universalhistorische Bedeutung beanspruchen können, eine Ausnahme zu machen. Dazu kommt, dass die ganze Fassung der Notizen völlig der der übrigen Randglossen entspricht. Die erstere Note beginnt mit dem üblichen[3]: »His Coss.«, die letztere meldet in gewohnter Weise[4] zuerst den Tod des bisherigen Königs und giebt dann die Regierungsjahre des folgenden an. Diese Nachricht fehlt übrigens auch in dem von Scaliger und Basnage gegebenen Texte[5]. Endlich finden wir nun auch die nämlichen Nachrichten bei Is. in der Hist. Goth. zum Theil mit denselben Worten wieder: denn zur Aera DIV heisst es hier (Text A.): »In Gallias autem regressus (Euricus) Arelatum et Massiliam urbes capit« und zur Aera DXCIII (B. DXCII): »Agila perempto Athanagildus regnum .... tenuit annis XVI. Iste cum jam dudum sumpta tyrannide Agilam regno privare conaretur etc.« So stammen denn auch diese Nachrichten bei Is. und dem Appendix aus der gemeinsamen Quelle, Maximus[6].

Auf welchen Quellen aber M. selber wieder beruht, mit Bestimmtheit zu erweisen sind wir heute nicht mehr im Stande. Zum grössten Theile waren ihm wohl dieselben zugänglich, die auch von Is. benutzt sind. Daneben hat er

---

1) Roncalli II. p. 345.
2) Roncalli II. p. 372.
3) Vgl. die Noten Ronc. II. p. p. 343, 352, 353, 355, 357, 363. Statt »His Coss.« heisst es sonst »His diebus« oder »His temporibus«.
4) Vgl. die Glossen Ronc. II. p. p. 340, 344, 349, 358, 369, 370.
5) Roncalli II. p. 372. Anm. e.
6) Es sei an diesem Orte auch auf die zuerst von Florez (España Sagrada IV. Append. V p. 430. ff) publicirte Chronik des sogen. Sulpicius Severus hingewiesen, deren Verfasser nach seiner eigenen Angabe um das Jahr 733 p. Chr. schrieb. (Am Schluss: »Ab Era usque in nostris temporibus in quo est Era DCCLXXI creverunt etc.«). So mangelhaft auch der Stil der Schrift ist, so dürftig das Gewand, in dem wir sie heute besitzen, werthvolle alte Nachrichten haben ihr jedenfalls vorgelegen. Einzelne Berichte des Sulpicius sind offenbar verwandt mit den isidorischen, zum Theil aber finden wir bei Jenem sogar genauere An-

nicht wenige Berichte ohne Zweifel aus der Localtradition von Caesaraugusta, vielleicht sogar aus Annalen, die dort zu Consularfasten aufgezeichnet wurden, uns aber nicht mehr erhalten sind, geschöpft. (Vgl. namentlich die Formeln: »his diebus«, »his consulibus«, »hoc anno«). Einzelne Nachrichten scheinen selbst auf gallische annalistische Aufzeichnungen zurückzugehen. Manches endlich hat M. ebenso wie Is. jedenfalls nach mündlicher Ueberlieferung niedergeschrieben. So bleiben denn für andere uns heute nicht mehr bekannte schriftliche Quellen, aus denen Is. noch neben den Chronisten von Caesaraugusta und Biclaro für die spätere Zeit geschöpft hätte, nur wenige Nachrichten übrig. Sehr merkwürdig und durch keinen früheren Bericht belegt sind zwei Notizen Is's zu der Regierung des Ostgothen Theoderich, der bei unserm Autor als Theodericus Junior aufgeführt wird. Die erste betrifft Honoulf oder Arnulf, der im kürzern Texte als König der Ostgothen erscheint, während ihn Text B einen Bruder Odovacars »des Königs der Ostgothen« nennt. »Theodericus junior« heisst es bei A »dum jampridem a Thracia et Pannonia veniens fugato Arnulfo Rege Ostrogothorum regnasset in Italia etc.« und bei B: »Theudericus junior cum jam dudum consul et rex a Zenone imperatore Romae creatus fuisset, peremptoque Odovacro rege Ostrogothorum atque devicto fratre ejus Honoulfo et trans confinia Danubii effugato . . . . . in Italia regnasset etc.« Diesen Bruder Odovocars kennen wir, soweit uns frühere lateinische

---

gaben als in der Hist. Goth., was auf eine gemeinsame Quelle, die Is. und S. S. zu Grunde liegt, schliessen lassen dürfte. Möglicherweise sind auch S. S. noch Aufzeichnungen des Maximus zugänglich gewesen. Ich stelle einige Nachrichten zu Eurichs und Gisalaichs Herrschaft bei S. S. und Is. nebeneinander:

Is. (Text A.)

Qui (Euricus) prius capta Pamphilona Caesaraugustam invadit totamque Hispaniam superiorem optinuit. Terracouensis etiam nobilitatem . . . . . peremit. In Gallias autem regressus Arelatum et Massiliam urbes capit suoque regno utramque subjecit.

. . . . . .

Denique dum eadem civitas (sc. Narbona) a Gundebaldo Burgundionum Rege direpta fuisset, iste (Geselicus) . . . . cum magna suorum clade apud Barcinonem se contulit.

S. S.

Gauterit Comes Gothorum Ispanias per Pampilonem Caesaraugustam et vicinas urbes obtinuit. Heldefredus quoque cum Vincentio Ispaniarum Duce obsessa Tarracona maritimas Urbes obtinuit . . . .
Arelato capta est ab Eorico cum Massilia et Ceteris Castellis

. . . . . .

. . . . . et Barcinona* a Gundefade Burgundionum capta: et Geselerycus Rex cum maxima suorum clade ad Ispanias regressus est.

* Ohne Zweifel in „Narbona" zu corrigiren.

Autoren vorliegen, nur noch aus einer Stelle der Vita Severini [1]), wo er Aonulph (Cf. Text A. Arnulf) genannt, jedoch in einem andern Zusammenhange erwähnt wird: Er besiegt hier den Rugierfürsten Fridrich und ruft später auf Geheiss seines Bruders Odovacar die noch in den Donaugegenden ansessigen Römer nach Italien zurück. Man wäre am Ersten versucht die isidorische Nachricht aus Ravennatischen Annalen herzuleiten, aber gerade über den Kampf des Ostgothenkönigs mit Odovacar sind uns die Aufzeichnungen von Ravenna möglichst vollständig erhalten, und Nichts erfahren wir durch sie von diesem Bruder des Odovacar [2]). Ebenso finden wir nirgend weiter verzeichnet, was uns die zweite Notiz meldet, dass der römische Senat den Theoderich für die Sorge um Erneuerung der Stadtmauern Roms mit einer goldenen Statue beschenkt habe: »Per hunc (Th.) dignitas urbis Romae non parva est restituta. Muros enim ejus iste redintegravit. Ob quam causam a senatu inauratam statuam meruit« [3]). Ueber die Wiederherstellung der Mauern berichten auch Cassiodor im Chronicon [4]) und der sogen. Anon. Valesianus [5]), aber Nichts lassen die beiden Autoren von der goldenen Bildsäule verlauten.

Dürftig muss uns im Ganzen die Zahl der Quellen erscheinen, auf denen die isidorischen Historien basiren. Wir haben, weder in den früheren Perioden der Hist. Goth. von den ausführlichen Berichten des Ammianus Marcellinus noch in den späteren der Gothengeschichte sowie in der Vandalengeschichte von Procops Büchern »de bello Gothico«, wo nicht selten auch die westgothischen Verhältnisse berührt werden, oder »de bello Vandalico« noch auch von einem andern der vor Is. schreibenden byzantinischen Schriftsteller eine Spur angetroffen. Man hat wohl behauptet [6]), dass Is. zum Theil aus dem »Liber de origine actibusque Getarum« des Cassiodor-Jordanis geschöpft habe, in der That aber lässt sich

---

1) Eugippii Vita S. Severini, Cap. XII, in den Acta S. S. Bolland. Januar VIII p. 496.
2) Vgl. auch Manso Geschichte des ostgothischen Reichs in Italien, p. 46. Anm. g und Pallmann, Geschichte der Völkerwanderung Bd. II, p. 172 und 173. — Dieselbe Nachricht finden wir auch bei Sulp. Severus wieder: (Florez, a. a. O.) »Theodericus expulsus (!) a Zenone imperatore ingressus Italiam fugato Unulfo et occiso Odofagro«.
3) So Text A; nur geringfügig weicht davon die längere Fassung ab.
4) Roncalli II p. 235. Mommsen corrigirt freilich »moenibus« in »moeniis«. Vgl. dazu den Anon. Valesian. Nr. 67.
5) ed. Eyssenhardt, Nr. 67.
6) Vgl. z. B. noch Dahn K. d. G. V. p. 32. Anm. 2 und sonst.

weder eine Benutzung dieses Werkes noch der Schrift »de successione temporum« noch der Weltchronik des Cassiodor irgendwie beweisen. Wie würde unser Autor die Berichte dieser Schriften, vor Allem das Werk des Cassiodor-Jordanis, das ihm doch grade für die gothische Königsgeschichte den ausgiebigsten Stoff geliefert hätte, ausgeschrieben haben, falls sie ihm bekannt gewesen wären. Aber wir haben gesehen, dass nirgend eine Aufzeichnung des Cassiodor oder des Jordanis in die Darstellung Is's übergegangen ist. Vereinzelte Gleichklänge in den Ausdrücken bei einigen Nachrichten können natürlich nicht als Argumente für die Abhängigkeit zweier Autoren von einander dienen, die zum Theil über die nämlichen Ereignisse berichten, zum Theil sogar dieselben Quellen benutzt haben.

Werthvolle Beiträge zur Kenntniss der westgothischen Geschichte seit Alarich II liefert uns auch die Historia Francorum des Gregor v. Tours. Doch auch dies umfangreiche Geschichtswerk wie die übrigen geschichtlich nicht unwichtigen Schriften des fränkischen Historikers sind von Is. nicht benutzt worden[1]). Endlich kommt für die Zeit Leovigilds ebenfalls als Quelle in Betracht des Paullus diaconus Emeritensis Buch »de vita patrum Emeritensium«[2]), das unserm Autor aber, als er die Hist. Goth. schrieb, nicht bekannt sein konnte, da wir die Abfassung desselben frühestens in die dreissiger Jahre des VIIten Jahrhunderts setzen dürfen[3]).

Alle übrigen Berichte über die von Is. behandelten Zeiten sind nach unserm Autor entstanden und beruhen, wo sie mit seinen Aufzeichnungen wörtlich übereinstimmen, entweder auf diesen[4]) oder auf Is's Quellen.

Von Wichtigkeit werden die Berichte unsers Autors in der Hist. Gothorum von Eurichs Regierung an, zu der uns

---

1) Eine gewisse Uebereinstimmung findet sich in den Mittheilungen Gregors und Is's über den Tod des Theudigisel (Gr. II. Fr. III, 30 edd. Guadet et Taranne p. 173), doch fehlt bei Is. grade die signifikante Notiz über das Auslöschen der Lichte durch die Verschworenen.

2) Abgedr. z. B. bei Aguirre, Coll. Conc. Hisp. Tom. IV. p. 218 ff.

3) Vgl. Florez, vor der Ausgabe der Schrift, España sagr. Tom. XIII p. 328 ff. Lembke, a. a. O. p. 69. Anm. 4.

4) Das ist ganz besonders der Fall mit der oft zu Belegen herangezogenen »Chronologia et series gothicorum regum« (bei Arevalus VII p. 188 ff.; bei Dom Bouquet Tom. II. p. 705). Sie bringt bis Svinthila Nichts weiter als einen wörtlichen Auszug aus dem längeren Texte der Hist. Goth., der nicht einmal ganz frei von Missverständnissen des isidorischen Berichtes ist, mit ganz vereinzelten geringfügigen Zusätzen. Der Auszug ist dann weiter geführt bis zur Vernichtung des Gothenreichs in Spanien durch die Araber und scheint verfasst zu sein zu Karls d. Gr. Zeit.

z. B. von Is. allein die werthvolle Nachricht bewahrt ist, dass Eurich als der erste westgothische König die Gewohnheitsrechte seines Volkes hat niederschreiben lassen. Wir erfahren darüber: »Sub hoc rege Gothi legum instituta (B. statuta) scriptis habere coeperunt: nam antea tantum moribus et consuetudine tenebantur«[1]). Unsere Kenntniss der westgothischen Geschichte unter den Königen Gisalaich, Theudis, Theudigisel, Agila und Athanagild beruht wesentlich auf Is's Historia Gothorum; ein nicht unwichtiger Berichterstatter ist unser Autor neben Joh. Biclariensis auch für die Zeiten Leovigilds und Recareds I. Von Leova II an wird er unsere vorzüglichste, zum Theil sogar ausschliessliche Quelle.

Dagegen ist ohne allen Werth für uns die Historia Vandalorum, die zur Kenntniss der Geschichte der Vandalen keinen einzigen Is. eigenthümlichen Beitrag liefert. Als fast ganz bedeutungslos müssen wir auch die Historia Suevorum bezeichnen, da die dürftigen originellen Mittheilungen in derselben über Theodemirs Regierung, nach mündlicher Ueberlieferung niedergeschrieben, doch nur eine Bestätigung dessen bringen, was uns aus anderen ausführlicheren Aufzeichnungen bekannt ist [2]). Für die suevische Geschichte aber des zwischen Remismunds Tod und Theodemirs Herrschaftsanfang liegenden Jahrhunderts, wo Isidor grade aus mündlicher Tradition hätte schöpfen können, hat er nur die Worte: in der ersten Redaction: »Post multos deinde reges regnum Suevorum suscepit Theudemirus« und noch bezeichnender in der zweiten Redaction: »Multis deinde Suevorum regibus in Ariana haeresi permanentibus tandem regni potestatem Theudemirus suscepit«.

---

1) Sehr auffallend ist, dass während von Isidor die erste Aufzeichnung von Gesetzen unter Eurich und die spätere Ueberarbeitung derselben unter Leovigild (vgl. oben p. 64) ausdrücklich hervorgehoben wird, der von Alarich II nur für die romanischen Unterthanen veranstalteten Redaction des römischen Rechts, unter dem Titel »Breviarium Alaricianum« bekannt, sowie der wahrscheinlich für Romanen und Gothen gemeinsam bestimmten Gesetzsammlung unter Recared I, der sogen. antiqua collectio, mit keinem Worte Erwähnung geschieht.

2) Es sind uns noch die Acten des Concils von Bracara erhalten, wo die suevischen Bischöfe feierlich zum katholischen Glauben übertraten. S. Aguirre, a. a. O. Tom. III. p. 177 ff.: »Synodus Bracarensis I, currente Era DXCIX anno tertio Ariamiri regis« (Ariamir ist nur eine andere Form für Theodemir). Ueber die Thätigkeit Martins v. Dume in Gallicien berichtet auch Gregor v. Tours, l. l. V. Cap. 38 (G. et T. p. 343) und Is. selber de vir. ill. 45 (Areval. VII. p. 157) sowie Chron. (Roncalli II p. 458).

Anhang I.

Die Abweichungen des handschriftlichen Textes (Cod. Paris. 4873) von dem Pithouschen

Hs.	P.
	p. 1.
Isti sunt enim	l. 4. isti enim sunt
exorruit	l. 5. exhorruit
Sarmatarum regionem	l. 16. regionem Sarmatarum
quod patriam reipublice	l. 21. quod pacem reipublicae
[Hu] de Hunis ausradirt.	l. 33. ab Hunis
depopulant	l. 36. depopulantur
promittens christianorum diis suis sanguinem	p. 2. l. 4. promittens sanguinem christianorum diis suis
profectus . italiam urbem irruit. obsessam urbem capit	l. 9. p. in Italiam urbem irruit et obsessam capit
in eis agere	l. 11. in eos agere
locis sanctis (scis) christi	l. 13. locis sacris Christi
u basilicis	l. 14. ut basilicis
seuit — in eis	l. 15. saeviit — in eos
milia	l. 17. millia
Gothis italia	l. 23. Gothus Italia
in Betica omnes homines bello — homines ist unter der Linie, aber von derselben Hand hinzugefügt.	l. 34. in Betica omnes bello
acie africam	l. 39. a. in Africam
interceptus. hispaniam	l. 40. i. in Hispaniam
Era CCCCLVII theodosii minoris.	Era CCCCLXVII Th. m.
non contemptus	l. 44. non contentus
arelas	l. 45. Arelatem
ethio	l. 46. Eëtio
Chataulanicis	p. 3. l. 6. Catalaunicis
imperatoris Abito	l. 13. i. Avito
et cum ingen licentia	l. 14. e. c. ingenti l.
sequenti anno Sunericus cum alia parte pexercitus	l. 30. s. a. Sigericus cum a. parte exercitus
apud Lucaniam depredatur	l. 32. apud Lusitaniam depraedatur
Suevorum arismodo	l. 34. Suevorum ab Arismodo
arisnismodo	l. 36. Arismodo
coniuge	l. 37. conjugi

Hs.	P.
Era DCCCIIII	l. 39. Era DIIII
partesque Lusitanie	l. 41. parteisque
comperiit	l. 46. comperit
Arelatu	l. 47. Arelato
propria	l. 48. prapria
Ebbane	p. 4. l. 14. Ebbave
	l. 16. Der oben (p. 11) erwähnte Passus nach Druentium Galliarum occiditur in der Hs. ist von P. richtig unterdrückt.
Guisigotharum	l. 18. Wisigothorum
iugulatus occiditur vel interiit	l. 25. jugulatus interiit
»v. i.« ist unter der Linie hinzugefügt.	
iustiniani »tempore« imperatoris	l. 26. Justiniani Imp. tempore
»tempore« ist am Rand vom Rubricator hinzugefügt.	
administratione	l. 6. administrationi
contemptus est .... duos capit, dum nulla	l. 7. contentus est ...... d. c., cum nulla
Orospida ..... Cesserant etiam et armis	l. 12. Orospida ...... C. etiam armis
regnumque eorum in iure gentis sue	l. 15. r. e. injuria gentis suae
Denique arriaue perfidie	l. 17. D. iniquae perfidiae
in inferno proiectum	l. 23. in inferna projectum
paternis moribus	l. 32. patriis moribus
sepe etiam et laceratos	l. 42. s. e. e. lacertos
in uulgu	p. 6. l. 1. in vulgus
opes priuatarum	l. 2. o. privatorum
extincto Liuuane	l. 13. e. Liuva

Spanias	l. 38. Hispanias
Spani .... se subiungunt	l. 42. Hispani .... se subjugunt.
Spanias	l. 43. Hispanias
Spali	l. 45. Hispali
Geisericus ..... succedit in regno	p. 7. l. 1. G. .... s. in regnum
relicta Spaniam	l. 2. r. in Hispaniam
»Thraces« fehlt im Ms.	l. 10.
Venericus (der Rubricator hat Hunericus drüber geschrieben)	l. 16. Hunericus
habens in coniugio Valentis et Valentiniani filiam	l. 17. h. i. c. Imperatoris Valentiniani filiam
quam pater eius ex roma	l. 17. quam pater ejus Roma
martyres facit	l. 20. martyres fecit
Letus Neptensis .... Venericus, am Rande: Hunericus	l. 22. Laetus Leptensis .... Venericus
iustinianus imp. uisitationem	l. 37. Justinianus Imp. incitatione
ildericum regem cum quibusdam generis eius affines	l. 41. Hildirim regem cum quibusdam generis ejus affinibus

Hs.	P.
ob morbi dolore	p. 8. l. 7. ob morbi dolorem
primo fugatur	l. 17. primo fugatus
Masdrū autem cum	l. 18. Masdras autem cum
regionemque Gallicie	l. 21. regionem G.
rimismundum	l. 23. Remismundum

Anhang II.

Quellen-Analyse

Text A   Text B

Historia Gothorum

Text A	Text B
	Retro autem — consuevit Vgl. p. 28.
Isti enim sunt — exhorruit O. 31.	Isti enim sunt — exhorruit O. 31.
quorum oportet — retexere Cf. O. 32.	quorum oportet — retexere Cf. O. 32.
	nisi nox — superasset S. p. 43.
Graeciam — vastaverunt E.-II.479/80 u. 481/82.	Graeciam — vastaverunt E.-II.479/80 u. 481/82.
ex quibus — tenuerunt O. 285.	ex quibus — tenuerunt O. 285.
Deinde a Claudio — collocaverunt E.-II. 481/82.	Deinde a Claudio — collocaverunt E.-H. 481/82.
Gothi regionem — expulit O. 297 (Hier. 497/8).	Gothi Sarmatarum — expulit O. 297 (Hier. 497/98).
Athanaricus — regionem O. 301 (Hier. 513/14).	Athanaricus — provincias O. 301 (Hier. 513/14).
Gothi adversum — convertit S. p. 46.	Gothi in Istrum — superat S. p. 46.
	Hujus rei gratia — sacerdotibus O. 305.
	Tunc Gulfilas — convertit H. Tr. VIII, 13.
Gothi qui primum — incendunt O. 304/5 u. Hier. 517/18.	Gothi qui primum — succenderunt O. 304/5 u. Hieron. 517/18
Athanaricus — interiit Id 9/10.	Athanaricus — interiit Id. 9/10.
Gothi autem — tradiderunt O. 306.	Gothi autem — tradiderunt O. 306. variis caedibus Cf. O. 313.
Quorum unus — si vinceret O. 314.	Radagaisus — si vinceret O. 314. Stilicone duce Thusciae Cf.Pr.645/46.
conclusus — et interfectus O. 315.	Ipse — interfectus est O. 315.
obsessam, irruptione O. 317.	obsessamque, irrumpit O. 317.
Tantum autem — commiserantibus hostibus Cf. O. 317 f.	Tam autem — mitteretur Cf. O. 317.

	Post hoc igitur — confugerunt Id. 15/16.
	Incursantibus autem — evaserunt O. 317 u. 318.
Unde et — tributi portare O. 322.	Hac tempestate — capiunt O. 320.
Gothi autem — discedunt O. 319.	tertia die — discedunt O. 319.
	Inde conscensis — perdiderunt Cf. O. 326.
Athaulfus, regno Cf. Id. 15/16.	Athaulfus, regno Cf. Id. 15/16.
Placidiam — subsistente O. 320 u. Id. 17/18.	Placidiam — jugulatur Id. 17/18.
Qui dum — jugulatur Id. 17/18.	
post Athaulfum — honorifice reddidit O. 326.	Post obitum — honorifice reddidit O. 326.
Romani quoque — subjugarent Id. 19/20.	Itaque ad — subjugarent Id. 19/20.
Vallia autem — interceptus O. 326.	Confecto igitur — naufragii O. 326.
Qui deinde — revocatur Id. 19/20.	
data ab eo — secunda Aquitania Pr. 651/52.	Dataque ei — provinciarum Pr. 651/52.
usque ad Oceanum Id. 19/20.	usque ad Oceanum Id. 19/20.
cum quibusdam — provinciarum Pr. 651/52.	
Theudoridus — regnat Cf. Id. 19/20.	Rege Wallia — in regno Id. 19/20.
pacis — recusat Cf. Pr. 659/60.	pacis — suis occupat Pr. 659/60 (!)
Arelatem — abscedit Pr. 653/54.	Arelas — abscedit Pr. 653/54.
Extincto autem—EetioCf.Id.35/36.(!)	Remoto igitur — Aëtio Pr. 657/58.
dum Theudoridus — victus interiit Pr. 659/60 u. 661/62.	dum Theuderedus — uti maluisset Pr. 659/60 u. 661/62.
	denuo adversus — victor occubuit Id. 33/34.
Theudoridus autem — comparuisse dicatur S. p. 68.	Gothi autem — congressi sunt S. p. 68.
	et postremum — prostrarentur Id. 33/34.
	Multa eodem — ostensio Id. 33/34.
	Hunni autem — remeavit occubuit Id. 33/34 u. 35/36.
	inter filios — certamina Pr. 673/74.
a Theudorico — interfectus Id. 35/36.	hostilia spiraret — occisus Id. 35/36.
Theudoricus — succedens Id. 35/36.	Theudericus — succedens Id. 35/36.
Aquitanias — ingreditur Id. 37/38.	ab Aquitania — ingreditur Id. 37/38.
Cui cum magna — (victor) succedens Id. 39/40.	Cui cum magna — (victor) succedens Id. 39/40.
dum Emeritensem — ad Gallias Id 41/42.	dum Emeritensem — Gallias repetit Id. 41/42.
Gothicus exercitus — Lucaniam (= Lucum) depraedatur Id. 43/44.	Mox deinde — depraedatione vastaverunt Id. 43/44.
In Gallias autem — quam haberet Id. 47/48.	In Galliis autem — quam haberet Id. 47/48.
Sallanem quoque — et crimine Id. 49/50.	Sallanem quoque — imperatorem dirigit Id. 49/50.
desaevit — depraedatur Id. 53/54 (!).	partes Lusitaniae — depraedatur Id. 53/54. (!)
Qui prius capta — peremit S. p. 67.	Exercitum inde — irruptione evertit S. p. 67.

In Gallias autem — subjecit S. p. 71. Isto quodam — habuisse comperit Id. 51/52.	In Gallias autem — adjecit S. p. 71. Iste quodam — habuisse mutatam Id. 51/52.
Alaricus filius — XX tribus Cf. M. (R. 349.)	Alaricus filius — XXIII Cf. M. (R. 349.)
Eoque interfecto — destruitur S. p. 70. (Geselicus) de Africa — delitescens M. (Hisp. ill. IV, 136).	(Gisaleicus) de Africa — delitescens M. (Hisp. ill. IV, 136).
(fugato — Ostrogothorum Vgl. p. 72/73).	(peremptoque — effugato Vgl. p. 72/73).
Theodericus — annis XV Cf. M. (R. 358).	Theudericus — obtinuit Cf. M. (R. 358).
Muros enim — meruit Vgl. p. 73.	Muros namque — meruit Vgl. p. 73.
Qui cum ab — jugulatus interiit M. (R. 863/4).	Qui cum ab — interiit M. (R. 364).
Iste Francorum — depopulantes M. (R. 367/8).	dum Francorum — depopularent M. (R. 367/8).
interempto Theudi — mensibus VII Cf. M. (R. 369/70).	Interempto Theudi — mens. III. Cf. M. (R. 369/70).
extincto Theudisclo — annis quinque Cf. M. (R. 370).	extincto Theudisclo — annos V. Cf. M. (R. 370).
Agila perempto — sumpta tyrannide S. p. 71.	Occiso Agilane — sumpta tyrannide S. p. 71.
Leuvigildus adepto — dimicando recepit Cf. I. B. 384–388.	Leovigildus adeptus — dimicando recepit. Cf. I. B. 384–388.
Erminigildum deinde — exsuperavit Cf. I. B. 389, 391 u. 392.	Hermenegildum deinde — exsuperavit. Cf. I. B. 389, 391 u. 392.
Postremo — transmisit Cf. I. B. 392.	Postremum — transmisit Cf. I. B. 392.
Multos quoque — rebaptizare C. Cf. I. B. 390.	multos quoque — rebaptizare c. Cf. I. B. 390.
Vincentium — projectum S. p. 67/68.	Vincentium — projectum S. p. 67/68.
Condidit autem — nominavit I. B. 389.	Condidit autem — nominavit I.B.389.
In ipsis enim — subscriptione firmavit I. B. 394, 395 u. 96.	In ipsis enim — subscriptione firmavit I. B. 394, 95 u. 96.
Francis enim — caesa est I. B. 395.	Egit etiam — caesa est I. B. 395.
Multi quoque — non potuerunt S. p. 62.	(Multi quoque — non potuerunt S. p. 62).
adeo liberalis — restitueret I. B. 394.	adeo liberalis — restauraret I.B. 394.

Historia Vandalorum

Wandali cum Alanis — se subjugunt Id. 15/16.	ante biennium — provincias irrumpunt O. 320 u. 321. (Vgl. p. 49)
	Wandali, Alani — occupantes Id. 15/16 u. Pr. 645/46.
	neces vastationesque — faciunt O. 321.
	substantiam direptam — subjiciunt Id. 15/16.
Gundericus — Beticam transivit Id. 19/20.	Gundericus — obsidione Suevorum Id. 19/20.
captaque Hispali — frater, succedit in regnum Id. 21/22.	Balearicas — in regnum .... Qui Id. 21/22.
ex Catholico — factus Id. 23/24.	
qui de Beticae — transfretavit Id. 23/24.	ex catholico — transfretavit Id. 23/24.

pacem mittit — tradidit Cf. Pr. 659/60. | pacem mittit — dedit Cf. Pr. 659/60.
Carthaginem pervadit Pr. 663/64. | Ille autem — proprium vertit Pr. 663/64.
Siciliam depraedatur — efficit Id. 27/28. | Deinde Siciliam — hostibus tradidit Id. 27/28.
 | Nec jam divini — habitacula jussit Pr. 663/64.
Adversus quem — transmittitur Pr. 665/66. | Adversus quem — revocatur Pr. 665/66.
 | Majorianus autem — Italiam revertitur Id. 43/44.
 | atque a — circumventus occiditur Id. 45/46.
Geisericus autem — secum tulit V. v. T. 341 u. Id. 37/38. | Gisericus — secum tulit V. v. T. 341 u. Id. 37/38.
Moxque — Constantinopolim mittit Id. 37/38 u. 45/46. | Mox Carthaginem — matrimonii copulavit Id. 37/38 u. 45/46, 47/48.
Sicque post — abduxerat V. v. T. 343. | Sicque post — abduxerat (adduxerat) V. v. T. 343.
Qui et ipse — exilium mittit V. v. T. 344. | Qui et ipse — exilium mittit V. v. T. 344.
Monachos quoque — confessoribus V. v. T. 347. | Monachos quoque — confessoribus V. v. T. 347.
linguas abscidit — exilio revocavit V. v. T. 348. | linguas abscidit — exilio revocavit V. v. T. 348.
Quo defuncto — Episcopos mittit V. v. T. 354. | Guntamundo mortuo — episcopos mittit V. v. T. 354.
Apud Carthaginem moritur V. v. T. 361. | Carthagine moritur V. v. T. 361.
 | Cujus tempore — claruit V. v. T. 354 (!).
Post quem — Ecclesias aperiri V. v. T. 362. | Post Trasemundum — Ecclesias aperiri V. v. T. 362.
Quem Gilimer — centesimo XVII. V. v. T. 364. | quem Gilimer — capit XCVII V. v. T. 364.
Wandalorum ingressionis — Imperatori duxit V. v. T. 365. | Wandalorum ingressionis — imp. adducit V. v. T. 365.

Historia Suevorum

Suevi — Wandalis occupant Id. 15/16. | Aera CDXLVII — Wandalis occupant Id. 15/16.
Wandalis autem — sortiti sunt Cf. Id. 19/20 u. 23/24. | Wandalis autem — sortiti sunt Cf. Id. 19/20 u. 23/24.
Gallici autem — redegit potestatem Id. 25/26 u. 27/28. | Gallaeci autem — potestatem reducit Id. 25/26 u. 27/28.
Quo defuncto — magnam captivitatem Id. 31/32. | atque inde — auxiliantibus vastat Id. 31/32.
Ad ultimum dum — ingrederetur Id. 37/38. | Tarraconensem provinciam — ingrederetur Id. 37/38.
inito praelio — occiso Rectiario Id. 39/40. | inito proelio — sibi constituunt Id. 39/40.
Suevi bifarie — mortuo. Suevi Id. 41/42 (39/40). | Mox bifariam — mortuo. Suevi Id. 41/42.

ad Masdram — jugulatur Id. 43/44.	Rechimundum — jugulatur Id. 43/44.
inter Frumarium — maritima populatur Id. 45/46.	inter Frumarium — maritima populatur Id. 45/46.
Frumario autem — 'haberet, accepit Id. 47/48.	Frumario mortuo — haberet, accepit Id. 47/48.
ad Lusitaniam — tradidit Lusidio Id. 51/52.	ad Lusitaniam — tradente Lusidio Id. 51/52.
Alax natione — hostis emersit Id. 49/50 (!).	Ajax — virus afferens Id. 49/50 (!).
Post Theudemirum — efficitur I. B. 384.	Post Theudemirum — efficitur I. B. 384.
Hic bellum — Roccones intulit I. B. 384.	Hic bellum — Ruccones intulit I. B. 384.
deinde in auxilium — monasterio damnat I. B. 391.	Deinde in auxilium — monasterio damnat I. B. 391.
Mox enim — vicissitudine pateretur I. B. 392 u. 393.	Nam Leovigildus — vicissitudine pateretur I. B. 392 u. 393.

Man bittet folgende sinnentstellende Schreib- und Druckfehler zu corrigiren:

p. 21. Zeile 1 v. u. lies DIV st. DDN.
p. 21. Anm. 1. lies von B. st. von A.
p. 25. Anm. 2. lies poenas st. poenae.
p. 33. Zeile 11 v. o. lies 351 st. 341.
p. 39. Zeile 1 v. o. lies 257 st. 262.
p. 42. Zeile 8 v. o. lies wenig st. nichts.
p. 44. Zeile 22 v. o. lies bei B st. bei A.
p. 45. Zeile 3 v. o. lies CCCVIII (B. CDVII) st. CCCCVIII (A. CDVII).
p. 48. Anm. 3. lies C. 43 st. C. 41.
p. 54. Zeile 22 v. o. lies Is. (A) st. Is. (B.)
p. 61. Zeile 8 v. u. lies Celtiberien st. Caltibarien.

Die erste Ausgabe von Bonaventura Vulcanius, Lugd. Batavorum 1597 sowie Sandoval's Historias de Idacio, Isidoro, Sebastiano etc., Pampelona 1615 oder 1634 (vgl. Potthast, B. h. m. ae. p. 17) waren mir nicht zur Hand.